Dipl.-Kfm. Hartmut Garding

Finnlands Kampf gegen die Inflation

FINANZWISSENSCHAFTLICHE FORSCHUNGSARBEITEN

Neue Folge Heft 33

Herausgegeben von Prof. Dr. G. Schmölders, Universität Köln

Finnlands Kampf gegen die Inflation

Von

Dipl.-Kfm. Hartmut Garding

DUNCKER & HUMBLOT / BERLIN

Alle Rechte vorbehalten
© 1966 Duncker & Humblot, Berlin 41
Gedruckt 1966 bei Alb. Sayffaerth, Berlin 61
Printed in Germany

Inhaltsverzeichnis

Einleitung

25 Jahre Inflation in Finnland	7
Ein Exkurs in die Inflationstheorie	8

Erstes Kapitel: Der Inflationsverlauf

I. *Die Kriegsinflation 1939—1944*	19
1. Der Beginn der Inflation	19
2. Stabilisierungsmaßnahmen	26
II. *Die Nachkriegsinflation 1945—1957*	29
1. Das Jahr 1945	31
a) Die Ausgangssituation bei Kriegsende	31
b) Lohnkämpfe, Abwertungen und ‚sedelklippning'	34
2. Politische Unruhen 1946—1949	39
3. Der Korea-Boom 1950—1952	44
4. Die Krisenjahre 1953—1957	49
III. *Die schleichende Inflation 1958—1964*	55
1. Stabilisation und Hochkonjunktur 1958—1961	56
2. Offener Inflationsausbruch 1962—1964	62

Zweites Kapitel: Die Inflationsträger

I. *Das Budget*	70
1. Das Budgetvolumen	71
2. Die Wirkungen der Ausgabenpolitik	76
3. Die Budgetdeckung	81
4. Das Budget als Inflationsquelle	84
II. *Die Lohnfront*	85
1. Die Arbeitsmarktsituation	86
2. Die Rolle der Gewerkschaften	86
3. Die Indexbindung der Löhne	88
4. Sonderfall Landwirtschaft	91
5. Die Lohnfront als Inflationsfaktor	91
III. *Der Bankensektor*	93
1. Das System des Geldwesens	94
a) Die Institutionen	94
b) Die Machtverhältnisse	96

2. Das Dilemma der finnischen Geldpolitik 103
3. Das theoretische Konzept der finnischen Notenbankpolitik 109
4. Kampf gegen die Inflation? 114

IV. *Der Außenhandel* 117
1. Die Bedeutung des Außenhandels 117
2. Das Problem der Währungsparitäten 119
3. Der Außenhandel als Inflationsherd 121

V. *Die Preisfront* 124
1. Das Angebots-Nachfrage-Ungleichgewicht 124
2. Die preispolitischen Maßnahmen 125
3. Die Auswirkungen der Preispolitik 127

Drittes Kapitel: Die Inflationserreger

I. *Die wirtschaftlichen Faktoren* 132
1. Die Angebotsknappheit 132
2. Die Signalwirkung der Warenknappheit 133

II. *Die politischen Faktoren* 135
1. Wahlsystem und Interessenparteien 135
2. Die Bedeutung der politischen Zersplitterung für die Inflationsbekämpfung 140

III. *Die psychologischen Faktoren* 142
1. Die Erschütterung des Geldwertvertrauens 142
2. Die Korrektur der Geldwertattitüde 144
3. Die Gruppenreaktionen 144
4. Die Ursache der Inflation 146

Literaturverzeichnis 147

Einleitung

25 Jahre Inflation in Finnland

Seit mehr als 25 Jahren, seit dem 30. November 1939, als die Sowjetunion militärische Operationen gegen das neutrale Finnland einleitete, dreht sich das finnische Inflationskarussell. An diesem Tage begann ein Prozeß, in dessen Verlauf außenpolitische, innenpolitische, wirtschaftliche und psychologische Faktoren eine ununterbrochene Kette von Inflationsimpulsen erzeugten; ein Prozeß, der bis heute noch nicht zum Stillstand gekommen ist. In diesen 25 Inflationsjahren, in denen die Finnmark rund 95 % ihres Vorkriegswertes verloren hat, stellte sich für die Regierung, das Parlament und die Notenbank immer wieder die Frage, wie dem ständig fortschreitenden Geldwertverlust Einhalt geboten werden kann und mit welchen Mitteln der Kampf gegen die Inflation geführt werden muß. Wie aber wurde nun der Kampf gegen die Inflation geführt? Fand er überhaupt statt? Was waren und was sind die Ursachen der finnischen Inflation? Bevor wir nun aber darangehen können, diese Fragenkomplexe im einzelnen aufzuschlüsseln, benötigen wir zunächst ein theoretisches Konzept, das es uns erlaubt, die Fakten der finnischen Variation des Inflationsthemas sinnvoll zu systematisieren. Wir formulieren also zuerst einmal als Arbeitshypothese eine Theorie der Inflation und daraus abgeleitet eine Theorie der Inflationsbekämpfung.

Von dieser Basis ausgehend, können wir uns dann der ersten der oben gestellten drei Fragen und damit der Schilderung der wichtigsten Ereignisse von 1939 bis 1964 zuwenden. Dabei soll dieses Kapitel, außer der chronologischen Darstellung und der Erklärung finnischer Besonderheiten, gerade des Nebeneinander der einzelnen Inflationsquellen und deren zu verschiedenen Zeitpunkten unterschiedliche Einflußstärke veranschaulichen.

Das zweite Kapitel behandelt die in der herkömmlichen Theorie zumeist als „Inflationsursachen" bezeichneten Faktoren: Haushalts-, Lohn-, Kreditmarkt-, Außenhandels- und Preisentwicklung. In Wirklichkeit sind dies jedoch nur Bereiche, in denen die Inflation an die Oberfläche tritt. Daher sind sie im eigentlichen Sinne lediglich Inflations*quellen*, deren Beschreibung noch nichts über die tieferliegenden Triebkräfte des inflationistischen Prozesses aussagt. Da es uns in diesem Kapitel aber im wesentlichen um die Frage nach dem Kampf gegen die Inflation geht, also um die den Inflationsquellen entsprechenden Teilbereiche der Wirtschaftspolitik sowie deren Institutionen, die die Inflation in Finnland zwar weitergetragen, aber nicht verursacht haben, erschien die Bezeichnung „Inflations*träger*" zweckmäßiger.

Das dritte Kapitel beschäftigt sich dann mit den Inflations*erregern*, das heißt mit den wirtschaftlichen, politischen und psychologischen Faktoren, die zusammenwirkend den Inflationsprozeß in Finnland eigentlich ausgelöst und in Gang gehalten haben. Dabei werden wir uns fragen müssen, inwieweit diese bereits mit den Ursachen der Inflation identisch sind und welche Bedeutung sie für die Inflationsbekämpfung hatten. Es ergibt sich jedoch aus der Themenstellung, daß unsere Untersuchung Ereignisse und Einflußfaktoren meist einseitig vom Gesichtspunkt ihrer inflationsfördernden oder -hemmenden Wirkung interpretiert und auf eine breite Diskussion aller möglichen Aspekte eines Vorganges verzichten muß.

Ein Exkurs in die Inflationstheorie

Die Versuche, das Phänomen der Inflationsentstehung und der Mechanik des Inflationsablaufes zu erklären, sind ebenso zahlreich wie unterschiedlich. Zumeist handelt es sich dabei um Betrachtungsweisen, die ein Ungleichgewicht zwischen Geld- und Gütermenge innerhalb einer Wirtschaft als ursächlich für das Entstehen einer Inflation ansehen. Die Inkongruenz dieser beiden Größen kann, nach diesen Anschauungen, unter dem Einfluß bestimmter Störungen im Wirtschaftsprozeß — wie etwa der überproportionalen Ausgabe von Geldzeichen durch Regierung und/oder Notenbank, unverhältnismäßig hoher Einkommensforderungen bestimmter Wirtschaftsgruppen (Arbeiter, Unternehmer), hoher Warenausfuhren bei gleichzeitigem Geldzustrom aus dem Ausland, oder Unstimmigkeiten zwischen ex-ante Planung und ex-post Ergebnis einer Wirtschaftsperiode mit dem Resultat von Fehlplanungen — auftreten und muß dann notwendigerweise durch Preiserhöhungen beseitigt werden[1]. All diese Erklärungsversuche erfassen jedoch nur bestimmte Ausschnitte oder Teilaspekte der Inflation und führen durch ihre zumeist einseitig quantitativ-mechanistische Betrachtungsweise oft zu widersprüchlichen Aussagen.

---

[1] Vgl. G. Schmölders, Geldpolitik, Tübingen-Zürich 1962, S. 248 und S. 262. B. Hansen, A study in the theory of inflation, London 1951. H. Giersch, Inflation, in: Hwb.d.Soz.Wiss., Bd. 5, Stuttgart-Tübingen-Göttingen 1956. G. Bombach, Ursachen der Nachkriegsinflation und Probleme der Inflationsbekämpfung, in: Stabile Preise in wachsender Wirtschaft, Tübingen 1960, S. 187 ff. G. Haberler, Geldinflation, Nachfrageinflation, Kosteninflation, in: Stabile Preise ..., a.a.O., S. 79 ff.

Gehen wir dagegen von den unbestrittenen Beobachtungen über die Inflation aus, so können wir zwei Tatbestände festhalten:
1. Die Inflation ist ein Prozeß.
2. Sie äußert sich über kurz oder lang immer in einem Anstieg des Preisniveaus[2].

Das heißt aber, daß beim Kauf gleicher Güter im Zeitablauf immer mehr Geldeinheiten aufgewendet werden müssen. Diesen Tatbestand drücken wir auch oft so aus, indem wir sagen: „Das Geld verliert an Wert." Geldwertverlust und Inflation sind also identische Begriffe, und damit drängt sich die Vermutung auf, daß sich uns über die Klärung des Begriffes „Geldwert" ein Zugang zu dem Inflationsproblem eröffnet. Hier bietet die sozialpsychologische Theorie des Geldes einen geeigneten Ansatzpunkt. Sie begreift den Geldwert als den Ausdruck einer „allgemeinen, nichtindividuellen Wertschätzung der Geldeinheit in der Skala der Werte einer Gemeinschaft; der Wert des Geldes ist das Bewußtsein von der Gültigkeit des Wertversprechens, das im Geld verkörpert ist"[3]. Der Geldwert ist demnach die Manifestation einer sozialpsychologischen Attitüde, die als „Geldwertbewußtsein" oder auch als „Geldwertmeinung" bezeichnet wird[4]. In der Sozialwissenschaft versteht man unter Meinungen ganz allgemein „Attitüden, die verbal oder auf andere Art in bestimmten Verhaltensweisen zum Ausdruck kommen oder ohne Ausdruck latent vorhanden sein können. Es gibt jedoch keine Meinung an sich. Immer richtet sich ‚meinen' auf einen Gegenstand, und nur über solche Gegenstände können wir Meinungen haben, die uns bewußt sind, wobei die Frage offen zu lassen ist, inwieweit Unbewußtes auf die Meinungsbildung Einfluß nimmt"[5].

Demzufolge muß auch die Geldwertmeinung an einen Meinungsbildungsprozeß gebunden sein. Da das Geld in seiner wesentlichsten Funktion die Aufgabe einer Zwischenstation im Austausch eigener Leistungen gegen Güter oder fremde Leistung erfüllt, ist es nicht schwer, sich vorzustellen, daß sich die Meinung über den Geldwert als Ergebnis einer Abwägung des Nutzens, den die Erlangung dieser Güter verspricht, gegenüber dem Aufwand an eigener Leistung, der zum Erwerb der Güter notwendig ist, gebildet und im Geldsymbol verdichtet hat. Auf diese Weise entstanden bestimmte Vorstellungen über die Wertrelation von Gütern und Leistungen zueinander, deren Allgemeingültig-

---

[2] Bei der sog. „zurückgestauten Inflation" wird der Preisanstieg entweder nur verzögert, oder er verlagert sich auf den schwarzen Markt.
[3] G. Schmölders, a.a.O., S. 63.
[4] Ibid., S. 61.
[5] G. Baumert, Meinungsbildung und öffentliche Meinung in der modernen Gesellschaft, in: Die politische Urteilsbildung in der Demokratie, Hannover 1961, S. 13.

keit innerhalb der Gemeinschaft dadurch gesichert war, daß „bestimmte Elemente vieler Einzelmeinungen sich deckten und dann gleichsam objektiviert wurden, d. h. losgelöst von den Individualmeinungen erschienen"[6]. Sichtbaren Ausdruck verlieh diesen Wertvorstellungen nun die Entstehung von Preisen, in denen sich die Meinung vom Gelde konkretisierte und die nun als solche selbstverständlich und allgemein akzeptiert wurden. Damit erscheint der Geldwert tatsächlich als allgemeines, nichtindividuelles Phänomen, das sich erst dann verändern kann, wenn eine genügend große Zahl von Individuen ihre bisherige Meinung vom Geld in gleicher Richtung, positiv oder negativ, wandelt und so eine Verschiebung des objektivierten Geldwertes (= Preisniveau) durch ihr Verhalten erzwingt. Die Voraussetzung jedoch, daß als Grundelement des Geldwertes das Geldwertbewußtsein von Einzelpersonen gegeben ist, erhält gerade bei der Untersuchung des Inflationsphänomens besonderes Gewicht. Denn es handelt sich ja bei der Inflation um einen dynamischen Vorgang, im Gegensatz zum Geldwert, der eine Zeitpunkt-Situation beschreibt.

Wir wollen hier einen Augenblick einhalten und als Zwischenergebnis für unsere Frage nach dem Wesen der Inflation folgende Gedankenkette schließen: Wenn a) die Veränderung des Geldwertbewußtseins eine Verschiebung des Preisniveaus erzwingen kann und wir b) eine Erhöhung des Preisniveaus als Kennzeichen für die Inflation bezeichnet haben, dann können wir c) die Inflation als eine mögliche Veränderungsrichtung, in diesem Falle eine negative, des Geldwertbewußtseins charakterisieren. Damit stehen wir aber nun vor der Frage, wie es kommen kann, daß eine bestimmte Anzahl von Personen einer Gemeinschaft sich zu einer gleichgerichteten Korrektur ihrer bisherigen Attitüde zum Geld bereitfindet, und wie sich der Wandel der Geldwertmeinung in einer Veränderung des Preisniveaus niederschlägt. Wir haben den Geldwert oben als das Bewußtsein von der Gültigkeit des Wertversprechens, das im Geld verkörpert ist, bezeichnet. Das bedeutet, daß der Geldwert bei seiner Einstufung in die Wertskala der Gemeinschaft entscheidend getragen wird von dem Vertrauen darin, daß das Geld die in ihm symbolisierten Wertrelationen auch objektiv richtig ausdrücken *kann* und daß es die objektivierten Relationen auch tatsächlich richtig *ausdrückt,* d. h. daß das gegebene Wertversprechen auch wirklich gehalten wird. Der Geldwert wird daher auch als „Glaube an das Geld" bezeichnet[7], und wir sollten hier hinzufügen, daß auch der Glaube an die Fähigkeit und den Willen der verantwortlichen Autoritäten, das

---

[6] V. von Bethusy-Huc, Demokratie und Interessenpolitik, Wiesbaden 1962, S. 135.

[7] Vgl. G. Schmölders, a.a.O., S. 63.

Wertversprechen zu halten und zu schützen, ein integraler Bestandteil des Geldwertes ist.

Erste Voraussetzung für eine negative Veränderung des Geldwertes muß daher die Erschütterung des Geldwertvertrauens sein, ausgelöst durch den Empfang einer Information, deren Inhalt als für den persönlichen Lebensbereich unmittelbar bedrohlich empfunden wird. In die Kategorie derartiger Information fiele etwa die Nachricht vom Ausbruch eines militärischen Konfliktes (z. B. Koreakrieg, Suez-, Zypern- oder Vietnamkrise) oder von politischen Krisensituationen (Berlin- oder Kubakrise). Die durch solche Nachrichten hervorgerufene Unsicherheit über das weitere persönliche Schicksal überträgt sich auch auf den Geldwert und löst bei jedem einzelnen Mitglied der Gemeinschaft individuell graduiert Zweifel an dem Fortbestand des im Geld verkörperten Wertversprechens aus. Aber auch in Abwesenheit spektakulärer Ereignisse, die eine Schockreaktion zur Folge haben, kann die Beobachtung, daß die Preise lebensnotwendiger Güter zwar langsam, aber unaufhaltsam steigen, die Zweifel am Geldwert wecken. Daß solche Preissteigerungstendenzen immer vorhanden sind, wissen wir aus der Preistheorie, nach der an der überwiegenden Zahl der volkswirtschaftlichen Märkte monopolistische Konkurrenz herrscht, wobei E. Schneider zufolge das Verhalten der Konkurrenten am Markt ausschlaggebend ist[8]. Bei tendenziell monopolistischem Wettbewerb wird es also immer Versuche der Anbieter geben, ihre Preise höher als den geltenden Marktpreis zu setzen. In dem Maße, wie solche Versuche auf Teilmärkten erfolgreich sind, induzieren sie Preissteigerungen auf anderen Märkten und tragen so die Information weiter[9]. Erreicht diese kumulativ wach-

---

[8] Vgl. E. Schneider, Einführung in die Wirtschaftstheorie, II. Teil, Tübingen 1961, S. 72.

[9] Der tatsächliche Erfolg der Preiserhöhungsversuche hängt dabei davon ab, inwieweit die Käufer an dem betreffenden Teilmarkt den Geldwert innerhalb ihrer eigenen Wertskala anderen Werten (z. B. Sozialprestige) vorziehen. Ist ihre traditionelle Haltung zum Geld unerschütterlich, werden sie ungerechtfertigte Preiserhöhungen zurückweisen. Ziehen sie jedoch andere Werte vor, werden sie auch bereit sein, ihre bisherige Einstellung zum Geld aufzugeben, d. h. sie werden ihre Geldwertattitüde *autonom* ändern.
Daraus läßt sich ableiten, daß jede Preiserhöhung, soweit sie nicht durch objektive Tatbestände (z. B. Qualitätsverbesserung) gerechtfertigt ist, auf autonome Attitüdenänderungen von einzelnen oder von Gruppen zurückgeht.
Diese Aussage können wir auch auf die Inflation übertragen, deren Ursprung wir jetzt in autonomen Änderungen der traditionellen Geldwertattitüde sehen, im Gegensatz zu induzierten Veränderungen der Geldwertmeinung, die durch das Bekanntwerden der Folgen autonomer Meinungsänderungen ausgelöst werden. Die erwähnten Schockreaktionen sind also typische Fälle autonomer Attitüdenänderungen. Das deutlichste Beispiel hierfür liefert uns das Verhalten des Staates im Kriegsfalle, wo „die Rücksicht auf den Geldwert u. U. hinter der Existenznotwendigkeit der Nation zurücktreten muß" (G. Schmölders, Geldpolitik, a.a.O., S. 271). In dieser Situation ist der Staat bereit, jeden Preis für die Beschaffung von Rüstungsgütern zu zahlen.

sende Informationslawine nun einen bestimmten Umfang, nämlich die sog. Reizwelle, an der der Informationsinhalt von den Empfängern als bedrohlich gewertet wird, dann löst diese Nachricht die Erschütterung des Geldwertvertrauens aus und setzt den Entstehungsprozeß der Inflation in Gang.

Der Geldwert ist damit nämlich aus seiner Selbstverständlichkeit herausgehoben und wird in Frage gestellt, so daß der einzelne sich veranlaßt sieht, seine Einstellung gegenüber dem Geld neu zu präzisieren. Der erste Ansatz zu einer inflationistischen Entwicklung ist demnach also der Zweifel an der künftigen Beständigkeit des im Geldsymbol enthaltenen Wertversprechens, und wir müssen annehmen, daß die Wahrscheinlichkeit, daß der einzelne dann aufgrund seiner Zweifel versuchen wird, sich gegen einen möglichen oder bereits vollzogenen Bruch des Versprechens zu schützen, größer ist als die einer jeden anderen Verhaltensweise. Offen bleibt hier, inwieweit interpersonelle Beziehungen zur sozialen Umgebung die Meinungsänderung beeinflussen.

Daraus folgt nun die zweite notwendige Bedingung für das Entstehen einer Inflation, nämlich die Reaktion des einzelnen auf die Information. Nachdem das Geldwertvertrauen erschüttert ist, reagiert der einzelne mit einer Korrektur seiner Haltung zum Geld. Die Reaktionsintensität hängt dabei weitgehend von dem Grad der Wichtigkeit ab, die dem Informationsinhalt beigemessen wird. Ebenso sind die Formen, in denen sich die Reaktion äußert, abgestuft; sie reichen etwa vom sinkenden Sparwillen über Flucht in die Sachwerte und Lohnforderungen bis zu politischer Radikalisierung. Das Gemeinsame all dieser Reaktionsformen ist jedoch, daß ihnen eine geringere Wertschätzung des Geldes zugrundeliegt und daß man nun gewillt ist, sich gegen den Geldwertverlust aktiv zu schützen.

Dann fehlt uns nur noch die dritte „conditio sine qua non" für die Inflation, nämlich, daß die negative Korrektur der Geldwertattitüde und die Bereitschaft zu reagieren von einer ausreichend großen Zahl von Individuen geteilt wird, so daß deren Verhaltensänderung sich auf den objektivierten Geldwert, also das Preisniveau, auswirkt. Hier sind es nun die verschiedenen soziologischen Gruppen innerhalb einer Gemeinschaft, die diese Bedingung schaffen und damit zugleich den Entstehungsprozeß der Inflation aus den individuellen Haltungsänderungen in den sozialpsychologischen Bereich heben. Innerhalb dieser Gruppen konvergieren nämlich die vielfältigen Einzelreaktionen der Gruppenmitglieder in einer gemeinsamen, gleichgerichteten Aktion, wobei die Tatsache, ob die Gruppe organisiert ist oder nicht, nur einen graduellen Unterschied in der Geschwindigkeit der Konsensbildung und in den objektiven Auswirkungen der Gruppenaktion hervorruft[10]. So werden etwa Lohnforderungen als Reaktionshandlung meist rascher und kräftiger wirksam, als etwa die Geldanlage in Sachwerten seitens der weitgehend nicht organisierten Besitzer von Kapital, weil die ersteren über straff organisierte Gewerkschaften vorgetragen werden. Die Inflation wird nun also zu einem „Verteilungskampf zwischen den großen gesellschaftlichen Gruppen... in dem Bemühen..., ihren relativen Anteil an Gesamteinkommen zu erhöhen"[11].

Erst in dieser Phase wird die Inflation für das heutige analytische Instrumentarium der Nationalökonomie faßbar, und die Diskussion dreht sich dann zumeist um die Frage: „Who acts, which group accepts inflation as a working proposition; which sector in society is by its actions mostly responsible for the deterioration of the currency[12]?" Die Inflation erhält dabei oft ihr Namensetikett von der Gruppe, deren Reaktion am heftigsten war. Im Zuge der Gruppenauseinandersetzungen erfaßt nun der Zweifel am Geldwert schließlich alle Kreise der Bevölkerung und weckt in ihnen die Bereitschaft zu reagieren, so daß am Ende der Inflationsentstehung die nunmehr verminderte Wertschätzung des Geldes innerhalb der Wertskala der Gemeinschaft wieder allgemein und nicht individuell geworden ist.

An diesem Punkt angelangt stellt sich die Frage, wie denn die beiden eingangs erwähnten Beobachtungen, die Inflation sei ein Prozeß und sie äußere sich auf lange Sicht immer in einem Anstieg des Preisniveaus, mit dem dargelegten Konzept zu vereinbaren sind. Zur Beantwortung des ersten Teils dieser Frage müssen wir unsere notwendigerweise etwas modellhafte Darstellung von der Entstehung einer Inflation durch die Feststellung ergänzen, daß dieser Prozeß keineswegs synchron für die gesamte Volkswirtschaft verläuft. Ganz im Gegenteil müssen wir davon ausgehen, daß bereits bei den ersten Ansätzen der Inflationsentstehung innerhalb der verschiedenen Bevölkerungsgruppen Zeit- und Gradunterschiede in den Verhaltensweisen auftreten, so daß eine Zeitpunktanalyse der gesamten Volkswirtschaft zeitlich und graduell unterschiedliche Stadien der Meinungs- und Verhaltensänderung erkennen lassen würde.

Die Unterschiede innerhalb des Adaptionsvorganges sind letztlich die Ursache dafür, daß die Inflation zu einem Prozeß wird und nicht nach

---

[10] Die den organisierten Gruppen eigentümliche Dynamik des Organisationsapparates kann hier jedoch oft zu einer Umkehrung des Vorganges führen, d. h. die Organisationsspitze provoziert oder propagiert eine Gruppenreaktion.
[11] G. Schmölders, a.a.O., S. 63.
[12] J. Åkerman, An institutional approach to the problem of inflation, in: Stabile Preise..., a.a.O., S. 7.

einer einmaligen Anpassungsreaktion beendet ist. Durch diese Verschiedenheiten erhalten nämlich bestimmte Gruppen der Gemeinschaft im Kampf um den größeren Anteil zeitweise einen Vorsprung, den sie gegenüber dem restlichen Teil der Bevölkerung zu bewahren bestrebt sind. Wenn nun die übrigen Gruppen nachziehen, gibt das wiederum Anlaß zu erneuten inflationistischen Reaktionen und der Verteilungskampf der Gruppen untereinander konzentriert sich dann zumeist auf das Bemühen, den einmal erreichten Vorsprung institutionell zu sichern (z. B. durch Indexbindung der Löhne u. ä.). Damit geht die „Inflationserwartung", die weitere Geldwertverluste bereits antizipiert, als fester Bestandteil in das Verhaltenskonzept der Gruppenmitglieder ein, und der Verfall der Währung wird Zug um Zug weitergetrieben.

Was den zweiten Teil der Frage angeht, so wird hier der Zusammenhang zwischen der sozialpsychologischen Kategorie „Geldwertmeinung" und dem objektiv greifbaren Phänomen „Preisniveauanstieg" sehr deutlich, denn der Kampf um den größeren Anteil am Sozialprodukt findet seinen sichtbaren Ausdruck in steigendem Geldeinkommen (Löhnen, Unternehmergewinnen, Steuern, Zinsen etc.). Da die hierdurch steigenden Kosten zur Erstellung des Sozialprodukts insbesondere im Dienstleistungssektor auf lange Sicht weder durch Rationalisierung noch durch Produktivitätssteigerung aufzufangen sind, induziert die Erhöhung des Produktionskostenniveaus schließlich einen allgemeinen Anstieg aller Preise.

Wir können die Inflation jetzt also als einen Prozeß definieren, in dessen Verlauf, durch die Erschütterung des Geldwertvertrauens ausgelöst, die traditionelle Geltwertmeinung einer Gemeinschaft in der Form einer verminderten Wertschätzung des Geldsymbols korrigiert wird, wobei die aus der Korrektur herrührenden Verhaltensänderungen (Reaktionen) ihren sichtbaren Ausdruck in einem Anstieg des Preisniveaus finden.

Aus dieser Darstellung des Inflationsprozesses können wir nun einige Schlußfolgerungen sowohl für die Inflationsdiagnose als auch für die Inflationsbekämpfung ziehen. Wenn wir wie oben den Entstehungsprozeß der Inflation in drei Stadien (Erschütterung des Vertrauens, Attitüdenkorrektur, Gruppenreaktion) aufgliedern, dann liegt die Vermutung nahe, daß wir jede Inflation, unter Hintansetzung aller anderen möglichen Entscheidungskriterien, beschreiben können, indem wir eine Aussage machen a) über die Zeitspanne, die vom Bekanntwerden der Information bis zum Eintritt der Gruppenreaktionen verstreicht, und b) über das tatsächliche Ausmaß der Geldwertkorrektur. Die praktische Bedeutung dieser These liegt darin, daß wir uns den terminologischen Schwierigkeiten der bisher in der Literatur üblichen Bezeichnungen entziehen, die nur bestimmte Facetten des inflationistischen Gesamtprozesses zum entscheidenden Kriterium erheben. Da aber die Inflation niemals nur auf einen Sektor oder eine Gruppe innerhalb der Wirtschaft beschränkt ist und außerdem ihre Ausbreitungsgeschwindigkeit eine ganze Gradskala durchlaufen kann, mußte die Verwendung dieser einseitigen Terminologie zu Widersprüchen führen.

Beschränken wir uns jedoch in der Diagnose darauf, den Inkubationsweg und die Inkubationszeit des Inflationsbazillus zu verfolgen und die Heftigkeit der Abwehrreaktion zu konstatieren, so kommen wir auf diese Weise zu einer Beschreibung der Inflation, die den Vergleich zeitlich und räumlich verschiedener Inflationsphasen ermöglicht. Außerdem liefert diese Art der Diagnose klarere und sicherere Anhaltspunkte für die Bekämpfung der Inflation, wenn auch ihre Verfahrensweise insoweit differenzierter wird, als sie ihre Ausgangsdaten nun nicht mehr aus der einfachen Gegenüberstellung makroökonomischer Aggregatsgrößen und deren mechanisch ablaufenden Wechselbeziehungen erhält, sondern aus den Ergebnissen von Meinungs- und Verhaltensforschung, mit einer ungleich größeren Zahl von Ursachen-Wirkungen-Kombinationen.

Was nun die Bedeutung der beiden Bestimmungskriterien der Inflation für die Politik der Geldwertstabilisierung angeht, so spielt der Zeitfaktor dabei insoweit eine Rolle, als, wie wir gesehen haben, der Inflationsprozeß die verschiedenen Entstehungsstadien mit kumulativ wachsender Geschwindigkeit durchläuft. Daraus ergibt sich für die Inflationsbekämpfung die Möglichkeit einer Beeinflussung der Kumulationsrate, etwa durch die Kontrolle der Informationskanäle, so daß sich die Zweifel am Geldwert weniger schnell ausbreiten. Weiterhin können die Auswirkungen der Gruppenreaktionen verzögert oder die Skala der Reaktionsform institutionell beschränkt werden. Als Beispiel einer derartigen Politik kann uns die zurückgestaute Inflation dienen, deren Ausbreitungsgeschwindigkeit ja tatsächlich durch institutionelle Maßnahmen herabgesetzt wird, wie etwa durch Preis- und Lohnstops, Verbot oder Erschwerung der Kapitalanlage in Sachwerten u. a.

Gleichzeitig zeigt dieses Beispiel aber auch die Grenzen einer solchen Politik, deren institutionelle Schranken immer wieder — z. B. durch die Entstehung schwarzer Märkte mit unkontrollierter Preisbildung oder die Rückkehr vom Kauf und Verkauf gegen Geld zum direkten Tauschhandel — durchbrochen werden. Der Kampf gegen die Inflation kann also nur dann wirklich erfolgreich sein, wenn neben der Beeinflussung des Zeitfaktors auch die Ursache der Geldentwertung angegangen werden.

Ebenso wie der Zeitfaktor enthält auch die Graduierung der Attitüdenkorrektur eine Reihe von Ansatzpunkten für antiinflationistische

Maßnahmen. Der Grad der Haltungsänderung kann ja, gemessen an der tatsächlich eingetretenen oder befürchteten Verschlechterung des objektivierten Geldwertes, geringer, entsprechend oder größer (wenn weitere Verschlechterungen antizipiert werden) sein, wobei außerdem noch zwischen den verschiedenen Bevölkerungsgruppen Gradunterschiede bestehen. Faktoren, die das Ausmaß der Korrektur beeinflussen können, sind beispielsweise die Inflationserfahrung der Gemeinschaft, der mehr oder weniger starke Grad der Radikalisierung ihrer Interessengruppen und die Schwäche oder Stärke der Träger politischer Macht. Daraus ergibt sich nun für die Antiinflationspolitik die Möglichkeit, etwa durch die Verbreitung geeigneter Information, die Bedeutung der inflationsauslösenden Nachricht abzuschwächen und damit die Zweifel am Geldwert zu verringern. Auch die Reaktionsintensität kann durch die Veränderung bestehender oder durch die Schaffung neuer Wirtschaftsdaten (z. B. Preissubventionen, Wechselkursänderungen, Kreditrestriktionen oder steuerliche Maßnahmen) herabgesetzt werden. Schließlich können auch die Auswirkungen der Gruppenreaktionen zumindest teilweise durch politische oder institutionelle Schritte gemildert werden, etwa durch eine Bindung der Einkommenszuwächse an die Steigerungsrate eines Preisindex, erhöhte Besteuerung, Devisenkontrolle, Mengenrationierung u. ä. Wie die Erfahrung mit solchen Maßnahmen jedoch zeigt, gilt auch hier wieder die Einschränkung, daß eine derartige Politik nur vorübergehend wirksam sein kann, da sie den Kern des Übels nicht angreift.

Wenn also antiinflationistische Maßnahmen, die auf die Beeinflussung des Zeitfaktors und des Korrekturgrades abzielen, einander ergänzend einen gewissen Spielraum für eine Politik der Geldwertstabilisierung schaffen, so muß doch das Hauptgewicht eines erfolgreichen Kampfes gegen die Inflation auf der Wiederherstellung und Stärkung des Vertrauens in das Geld liegen. Nur wenn es gelingt, den Vertrauensschwund aufzufangen und zu überwinden, wird der Inflation die Grundlage entzogen, und das Geld kann mit der Rückkehr des Geldwertvertrauens seine normalen Funktionen wieder uneingeschränkt erfüllen. Daraus folgt aber nun weiter, daß das Problem der Inflationsbekämpfung nicht nur eine Frage der richtigen Anwendung bestimmter geld- und/oder finanzpolitischer Instrumente sein kann, sondern daß es ebensosehr eine Frage der Regierungspolitik, ihrer Maßnahmen und ihrer Autorität ist. Von einem wirklichen Kampf gegen die Inflation kann man demzufolge nur dann sprechen, wenn es in einer Phase der fortschreitenden Geldentwertung gelingt, alle Kräfte der Regierungs-, Wirtschafts-, Geld- und Finanzpolitik zu mobilisieren und auf das erklärte Ziel der Geldwertstabilisierung auszurichten. Der Erfolg der Antiinflationspolitik hängt dann wiederum davon ab, inwieweit es glückt, die

Kampfmittel dem differenzierten Erscheinungsbild der Inflation anzupassen.

Tabelle I

Die Entwicklung (a) des Lebenshaltungskostenindex (1938/1939 = 100) und (b) des Großhandelspreisindex (1935 = 100)

Jahr	(a) Jahresendwerte	(b) Jahresendwerte
1938	..	113
1939	..	137
1940	..	176
1941	150	209
1942	181	261
1943	197	291
1944	203	314
1945	404	607
1946	468	725
1947	720	1010
1948	798	1104
1949	826	1138
1950	998	1439
1951	1071	1928
1952	1177	1765
1953	1106	1709
1954	1043	1684
1955	1079	1701
1956	1278	1855
1957	1425	2111
1958	1484	2092
1959	1517	2144
1960	1561	2202
1961	1584	2198
1962	1674	2238
1963	1765	2413
1964	1939	2623

Quelle: Unitas.

Das Erscheinungsbild der finnnischen Inflation war im Verlauf der 25 Jahre ihres Bestehens einem Wesenswandel unterworfen, der sich in drei Etappen vollzog. Da sich der Übergang von einer Phase zur anderen nicht allmählich, fließend, sondern aufgrund einschneidender Ereignisse abrupt einstellte, bereitet ihre zeitliche Fixierung keine großen Schwierigkeiten. Die Kriegsinflation von 1939 bis 1944 umfaßt den Beginn und die Ausbildung der Inflation zu voller Breite. Obwohl diese Periode für unsere Frage nach der Antiinflationspolitik wenig Ansatzpunkte enthält, weil eine solche Politik in den Kriegsjahren schlechterdings unmöglich war, können wir auf ihre Darstellung nicht verzichten, da die Entscheidungen, die in diesen Jahren getroffen wurden, für die Nachkriegszeit von weittragender Bedeutung waren. Die zweite Phase, die Nachkriegsinflation von 1945 bis 1957, wird in ihren ersten Jahren vor allem von den erdrückenden Lasten zur finanziellen Liquidation des Krieges überschattet. Darüber hinaus ist sie aber geprägt von der Entstehung und dem Wirken eines inflationistischen Indexautomatismus, der die Stabilisierung der Finnmark rundweg unmöglich machte. Erst die Abwertung von 1957, gekoppelt mit einem Bündel einschneidender Maßnahmen, brachte die Abkehr von der reglementierten Wirtschaft und öffnete den Weg für eine freiere Entfaltung des wirtschaftlichen Lebens.

Nach dieser entscheidenden Wende war man lange Jahre der Ansicht, daß nun eine völlig neue Epoche mit ungleich besseren Voraussetzungen für die Stabilisierung des Geldwertes begonnen habe. Noch während der Vorbereitung dieser Arbeit wir ich davon überzeugt, daß die Jahre von 1958 bis 1964 als eine Phase der Stabilisierung anzusehen seien. Aber die Wiedererrichtung des Indexautomaten Anfang 1964, läßt keinen Zweifel mehr daran, daß die Hochkonjunktur die Inflation lediglich verschleiert und überdeckt hat. Die Frage der Inflationsbekämpfung ist also heute, wie seit 25 Jahren, in Finnland immer noch aktuell. (Siehe Tabelle I).

Erstes Kapitel

Der Inflationsverlauf

I. Die Kriegsinflation 1939—1944

1. Der Beginn der Inflation

Am 30. November 1939, drei Monate nach dem Ausbruch des II. Weltkrieges, überschritten Einheiten der Roten Armee die finnnisch-sowjetische Grenze; „eine Kriegserklärung hat die sowjetische Regierung nicht abgegeben, sondern ihre Truppen drangen gewaltsam in finnisches Territorium ein[1]". Diesem für Finnland überraschenden Überfall waren intensive diplomatische Verhandlungen vorausgegangen, in denen Finnland zwar die Forderung der Sowjets nach Militärstützpunkten auf finnischem Gebiet abgelehnt, gleichzeitig aber seine neutrale Haltung betont hatte[2]. Der Kriegsausbruch traf Finnland militärisch und wirtschaftlich völlig unvorbereitet[3], und in den Belastungen, denen der Staatshaushalt und die Wirtschaft in den folgenden Monaten des „Winterkrieges" (bis März 1940) und in den dreieinhalb Jahren des „Fortsetzungkrieges" (25. Juli 1941 bis 4. September 1944) ausgesetzt waren, liegt die Erklärung für den Beginn der Inflation.

Nach ihren Auswirkungen können wir die mit dem Kriegseintritt notwendig gewordenen Anpassungsmaßnahmen in zwei Gruppen unterteilen, nämlich in solche, die eine Expansion des Geldvolumens, und solche, die eine Einschränkung des Warenangebotes zur Folge hatten. Der wichtigste Faktor der ersten Gruppe war eindeutig die starke Expansion der Staatsausgaben. Das Budgetvolumen stieg in der folgenden Zeit sprunghaft an, und die Inflation entwickelte sich nach dem „klassischen" Muster[4] einer Staatsinflation. Da die Verteidigungsaus-

---

[1] Aus der Rede des finnischen Außenministers E. Erkko vor dem Reichstag am 30. 11. 1939, zitiert nach: A. Goodrich, A study in Sisu, New York 1960, S. 48. (Schwedische und ein Teil der englischen Zitate sind vom Verfasser übersetzt).

[2] Vgl. ibid., S. 41—49.

[3] Vgl. K. Waris, Structural changes in Finnish prices, in: Monthly Bulletin of the Bank of Finland (im folgenden: MB) 1946, No. 4—6, S. 29.

[4] Vgl. G. Schmölders, Geldpolitik, a.a.O., S. 250.

gaben erst ab Oktober 1939 merklich zunahmen[5], ist das Haushaltsdefizit dieses Jahres in Höhe von 2,2 Mrd. mk bereits eine direkte Folge des Kriegsausbruches. 1940 lagen die Staatsausgaben schon um mehr als das Dreifache über dem Niveau von 1938 und das Budgetdefizit betrug bereits 11,5 Mrd. mk. Erschwerend trat noch hinzu, daß das Steueraufkommen auch als Folge der Erhebungstechnik sehr langsam wuchs. (Vgl. Tabelle II).

Tabelle II

Der finnische Staatshaushalt 1938—1944 in Mill. Finnmark (mk) und in Prozent der Ausgaben

Ausgaben: Jahr	Total mk	Verteidigung mk	%	Zivil mk	%
1938	4.959	1.235	24,9	3.724	75,1
1939	6.706	2.689	40,1	4.017	59,1
1940	17.529	12.031	70,1	5.228	29,9
1941	20.910	13.806	66,1	7.104	33,9
1942	25.160	19.227	76,5	5.933	23,5
1943	31.577	19.842	62,9	11.735	37,1
1944	35.300	23.926	67,8	11.374	32,2

Einnahmen: Jahr	Steuern mk	%	Zentralbank mk	%	Kapitalmarkt mk	%
1938	5.040	101,6	—	—	—	—
1939	4.483	66,9	574	8,6	1.649	24,5
1940	5.966	34,0	4.866	27,8	6.697	38,2
1941	10.870	52,0	5.223	25,0	4.818	23,0
1942	15.967	63,5	3.887	15,4	5.306	21,1
1943	20.443	64,7	1.374	4,4	9.760	30,9
1944	21.571	61,1	1.604	4,5	12.125	34,4

Defizit: Jahr	mk
1938	+ 81
1939	− 2.223
1940	−11.563
1941	− 9.940
1942	− 9.193
1943	−11.134
1944	−13.729

Nach Angaben in Unitas 1945 zusammengestellt und berechnet. Es handelt sich um die bereinigten, nicht um die offiziellen Buchabschlußziffern.

---

[5] Vgl. M. Leppo, Die ordentlichen Einnahmen und die Kreditaufnahme als Mittel der Kriegsfinanzierung, in: Ekonomiska Utredningar (im folgenden: EU) Helsinki 1942, deutsche Ausgabe, S. 7.

I. Die Kriegsinflation 1939—1944

Aus disem ersten Anstoß entwickelte sich nun die gesamte inflationistische Kettenreaktion, die wir uns an einem physikalischen Modell — etwas vereinfacht — verdeutlichen wollen. Staatshaushalt und Privatwirtschaft sind hierbei die beiden Kondensatorplatten eines elektrischen Schwingungskreises, die Preise werden durch die Spule dargestellt, und die Spannungsquelle ist das Budgetdefizit. Veranlaßt durch das plötzlich auftretende Defizit und den Bedarf des Staates setzt in der ersten Phase eine Geldwanderung zum Staat in Form von Notenbankkrediten und einer ersten Welle von Anleihen ein. Die hierdurch entstehende Kondensatorenspannung entläd sich in der zweiten Phase in einem Geldstrom zur Privatwirtschaft und induziert dabei einen zusätzlichen Stromstoß, d. h. die Preise steigen. Nach Abschluß dieses Vorganges ist die Spannung der der ersten Phase wieder gleichgerichtet, und der Geldstrom fließt über erhöhte Steuern und neue Obligationen wieder an den Staat zurück. Der Schwingkreis beginnt zu oszillieren, wobei die auftretenden Spannungsverluste durch weitere Notenbankkredite ausgeglichen werden.

Bis 1942 hatte sich dieses System reibungslos eingespielt, und „von diesem Zeitpunkt an, begann der staatsfinanzielle Kreislauf immer vollkommener zu werden: Die neugeschaffene Kaufkraft, die durch die Ausgabenüberschüsse erzeugt wurde, strömte in immer größerem Umfang in die Banken, von wo der Staat sie erneut entlieh, wiederum in Umlauf setzte usw.[6]".

Fast gleichzeitig mit der starken monetären Expansion vollzog sich in zwei Etappen die Verknappung des Güterangebots. Zunächst erfolgte als unmittelbare Reaktion auf den Beginn des Polenfeldzuges eine umfassende Reglementierung des Außenhandels. Bereits am 2. September 1939 erging das Verbot, bestimmte Güter zu exportieren, und im gleichen Monat folgte eine allgemeine Lizenzpflicht für die Einfuhr. Mit dieser Maßnahme sollte die Zahlungsbilanz geschützt und die Versorgung des Landes, vor allem mit Rohstoffen, industriellen Halbfertigungen und Nahrungsmitteln, sichergestellt werden[7]. Während des Winterkrieges wirkten sich dann die sowjetische Blockade auf der Ostsee und die starke Vereisung der Häfen zusätzlich erschwerend auf den Außenhandel aus, gleichzeitig ging die Weltmarktnachfrage nach den traditionellen Exportgütern Finnlands rapide zurück. „Es sei erwähnt, daß der Wert der gesamten Ausfuhr zwischen Dezember 1939 und

---

[6] P. Pajunen, Statshushållningens utveckling efter vapenstilleståndet, in: EU 1946, S. 46.
[7] Vgl. V. Lindgren, Några dater om Finlands importhandel efter krigsutbrott, in: Vårt näringsliv och kriget, Helsinki 1944.
Ohne Verfasser, Den reglementerade importen, in: Unitas — Quartalsbericht der Nordiska Föreningsbanken, Helsinki 1947, No. 1, S. 10.

April 1940 nur 20 % der entsprechenden Ausfuhr vor dem Kriege betrug, während die entsprechende Einfuhrzahl ungefähr 33 % war[8]". In den folgenden Jahren fielen jedoch die Gründe für die Importrestriktionen — Schutz der Zahlungsbilanz und Kontrolle der Einfuhrqualität — praktisch weg, da Finnland dazu überging, mit seinen noch verbleibenden Handelspartnern, hauptsächlich Deutschland und Schweden, bilaterale Handelsabkommen abzuschließen. Mit dem Ausbruch des finnisch-sowjetischen Krieges im November 1939 setzte dann die zweite Etappe der Angebotsbeschränkung ein, die im wesentlichen die Konzentration der Produktion auf die Herstellung von Rüstungsgütern brachte, wohingegen „der Ausstoß ziviler Güter abrupt eingeschränkt wurde[9]". Am schwersten wurde die Exportindustrie von dieser Umstellung betroffen; ihr Produktionsvolumen (1935 = 100) sank von 105 im Jahre 1938 auf 93 (1939) und erreichte seinen Tiefpunkt 1940 mit 37. Der Produktionswert der finnischen Binnenindustrie lag 1941 bei 75 % von 1938, und die entsprechende Zahl für den Binnenhandel betrug 45 %[10]. (Vgl. auch Tabelle III.)

Tabelle III

a) Beschäftigte in verschiedenen Industriebranchen

Jahr	Holz	Papier	Lebensmittel	Metall
1939	45.547	19.337	15.179	44.736
1940	30.259	16.657	15.791	48.690
1941	32.956	16.977	16.306	42.564
1942	35.007	18.786	16.048	55.136
1943	38.686	2.967	16.848	59.621

b) Index des Produktionsvolumens (1938=100)

Jahr	Holz	Papier	Lebensmittel	Metall
1939	89	99	96	99
1940	54	44	87	93
1941	58	50	94	104
1942	67	65	88	111
1943	77	67	99	120

Quelle: Statistische Jahrbücher von Finnland 1940—1944. Der starke Abfall der Beschäftigtenzahlen und des Produktionsvolumens in der traditionellen Holz- und Papierindustrie ist deutlich erkennbar. Dagegen blieben die Werte für die Lebensmittelindustrie fast konstant, in der Metallindustrie stiegen sie sogar an, da diese beiden Branchen für die Rüstung arbeiteten.

Als dritter Faktor trat außer Warenknappheit und Kaufkraftüberschuß auch noch eine Erhöhung der Importpreise ein. Der Anstieg des Weltmarktpreisniveaus nach dem Kriegsausbruch betraf vor allem die

---

[8] E. Törnqvist, Die Entwicklung und Regelung der Preise, in: EU 1942, deutsche Ausgabe, S. 56.
[9] K. Waris, Structural changes..., a.a.O., S. 29.
[10] Vgl. E. Törnqvist, Die Entwicklung..., a.a.O., S. 53 ff.

für Finnland wichtigen Rohstoffe und Industrierzeugnisse. Daher sieht N. Meinander in den Folgen des Importpreisanstieges den „geeigneten Ansatzpunkt für eine realökonomische Analyse" der Inflation[11]. Gegen diese Annahme spricht jedoch die Beobachtung, daß das Wachstum der finnischen Wirtschaft nach der Überwindung der Weltwirtschaftskrise sehr gleichmäßig verlaufen war, bis September 1939 keinerlei Anzeichen für eine inflationistische Entwicklung vorlagen und „im Gegenteil, starke, deflationistische Kräfte am Werk waren[12]". Zudem bestand zu diesem Zeitpunkt noch eine weitgehend freiheitliche Wirtschaftsordnung[13], ohne staatliche Reglementierung, unter deren Einfluß später solche Weltmarktpreisschwankungen tatsächlich den Verlauf der Inflation mitgefördert haben, so daß man nicht davon ausgehen kann, die Steigerung der Importpreise habe die Inflation allein ausgelöst.

Wir können daher drei voneinander unabhängige, aber simultan wirksam werdende Primäranstöße für den Beginn der Inflation feststellen:

1. die monetäre Expansion, verursacht durch die Aufblähung des Haushaltsvolumens und durch die Budgetdefizite,

2. die Einschränkung des Warenangebotes infolge der Außenhandels- und der Produktionsreglementierung und

3. die Erhöhung des Preisniveaus infolge steigender Importpreise.

„Die Schwierigkeiten, mit denen die Finanzwirtschaft zu kämpfen hat und die zu einem Anschwellen der umlaufenden Zahlungsmittel geführt haben, die Einschränkung der Produktion infolge Mangels an Arbeitskräften und Rohwaren sowie Einfuhrschwierigkeiten sind neben der Preiserhöhung bei Einfuhrwaren die wichtigsten Faktoren, welche eine Tendenz zum Steigen der Preise verursacht haben"[14].

Als eigentliche „Ursache" der Inflation sehen jedoch die meisten Autoren die Expansion der „Geldmenge" an.

So schreibt etwa T. Junnila:

„Eine so umfassende Verwendung von Zentralbankkrediten hat in hohem Maße die Menge der Zahlungsmittel und damit die Kaufkraft in der Bevölkerung anwachsen lassen ... Da dem jedoch keine gleichartige Steigerung der Produktion entsprach ..., mußte eine solche Entwicklung eine außerordentlich ernste Bedrohung der Geldwertstabilität in sich bergen"[15].

---

[11] N. Meinander, Penningpolitiken under etthundrafemtio år (Finlands Bank 1811—1961), Helsinki 1963, S. 86.
[12] MB 1939, No. 9, Market Review.
[13] Vgl. B. Suviranta, Ein Wirtschaftsprogramm, in: Unitas 1942, No. 1, S. 38. K. Waris, Den reglementerade hushållningens framtid, in: Unitas 1946, No. 1, S. 3.
[14] E. Törnqvist, Die Entwicklung ..., a.a.O., S. 53.
[15] T. Junnila, Statshushållningens utveckling, in: EU 1943, S. 44.

M. Leppo weist darauf hin, daß der Staat in Kriegszeiten einen großen Teil der Produktionsfaktoren in Anspruch nimmt und sie militärischen Zwecken zuführt:

Er fährt fort:

„Als Resultat dieser Entwicklung vergrößert sich der Geldstrom innerhalb der Volkswirtschaft ... Der Strom der Güter, die der Bevölkerung zugute kommen, kann nicht gleichzeitig steigen. Im Gegenteil, die Kaufkraft kann jetzt weniger als früher für konsumtive Zwecke verwandt werden ... Diese hier geschilderten Zusammenhänge, die sich aus dem Budgetdefizit herleiten und die Preissteigerungen verursachen, waren vermutlich mehr als alles andere ursächlich dafür, daß der Wert der finnischen Mark ... während dieses Krieges wenigstens die Hälfte ihres Vorkrieswertes verloren hat"[16].

Bei all diesen Darstellungen ist der quantitiätstheoretische Ansatz unverkennbar. Dem ist jedoch entgegenzuhalten, daß es „nicht die überhöhte Geldmenge ist, die kausal die Preissteigerungen auslöst, sondern die steigenden Einkommen und Preise erfordern für die nominal größeren Umsätze eine entsprechend erweiterte Geldmenge[17]".

Daß ein kausaler Zusammenhang hier tatsächlich nicht besteht, geht aus einem Vergleich der Entwicklung des Geldvolumens und der Preise hervor. Während das Geldvolumen — umlaufende Banknoten plus Inlandskredite der Zentralbank — sich in den Monaten vom Ausbruch des Zweiten Weltkrieges bis zur Beendigung des Winterkrieges (März 1940) verdreifachte, stiegen die Großhandelspreise (nicht staatlich kontrolliert) um ca. 33 %/o und die Lebenshaltungskosten (nur teilweise kontrolliert) um ca 16 %/o. Ähnlich war die Situation auch beim Ausbruch des Fortsetzungskrieges (Juni 1941), als das Geldvolumen mit monatlichen Zuwachsraten von teilweise über 10 %/o reagierte, die Steigerung der beiden Preisindizes jedoch bei durchschnittlich 2 %/o lag. Dagegen wandelte sich das Bild 1945, als das Preisniveau sich innerhalb eines Jahres verdoppelte, während das Geldvolumen durch administrative Maßnahmen binnen fünf Monaten von 18 Mrd. mk auf 13 Mrd. mk, das sind ca. 30 %/o, gesenkt wurde. (Vgl. Tabelle IV).

Wenn wir den Beginn der Inflation dagegen dem eingangs entwickelten Konzept entsprechend erklären wollen, so müssen wir ihre Ursache in der Aufgabe der traditionellen Geldwerteinstellung seitens des Staates sehen, die in der Bereitschaft der Regierung, für die Beschaffung der zur Landesverteidigung notwendigen Mittel jeden Preis zu zahlen, ihren Ausdruck fand. Diese veränderte Haltung breitete sich

---

[16] M. Leppo, Statsfinanserna och penningvärdet, in: EU 1944, S. 18 und 19; vgl. auch T. Junnila, The public economy of Finland during the war and after the armistice, MB 1946, No. 7—9, S. 19. o. V., Till Riksdagens Bankfullmäktige, in: EU 1945, I, S. 7.
[17] G. Schmölders, a.a.O., S. 248.

nun kontinuierlich über die gesamte Wirtschaft aus, denn die Handelspartner der Regierung machten sich deren Zahlungsbereitschaft nach den Regeln der Preistheorie zunutze, in dem sie ihre Preise erhöhten. Dies vermochten sie zumeist durch den Hinweis auf Importpreissteigerungen, Arbeitskräftemangel oder höhere Steuerbelastung zu rechtfertigen. Die erhöhten Preise galten dann aber nicht allein für den Staat, sondern ebenso für die übrigen Kunden der Staatslieferanten, und wurden nun in Etappen weitergegeben. Die Tatsache, daß die Aufrechterhaltung stabiler Preise als gemeinsames Ziel der Gemeinschaft so wenig Widerhall fand, läßt sich mit J. Åkermann dadurch erklären, „daß die meisten Menschen sich um ihre eigenen Angelegenheiten kümmern und nicht geneigt sind, sich über die letzte Konsequenz ihrer Handlungsweise Gedanken zu machen[18]". So wie nun die Information von den Preissteigerungen auf ein Publikum traf, das — wie in Finnland — in seinem Gefühl der Sicherheit (durch den Beginn des Polenfeldzuges) ohnehin schon erschüttert war, erfolgte die Korrektur der Geldwertmeinung rasch und umfassend. Wenn wir davon ausgehen, daß der Entstehungsprozeß der Inflation in Finnland zeitlich sehr stark zusammengedrängt verlief, dann wäre das eine Erklärung dafür, daß die Preisbewegungen so unmittelbar nach dem Kriegsausbruch einsetzten.

Tabelle IV

Die durchschnittliche monatliche Veränderung der Indizes von Geldumlauf und Lebenshaltungskosten

Jahr	Geldumlauf	Lebenshaltungskosten
1939	7,4 %	0,6 %
1940	4,0 %	1,6 %
1941	4,3 %	1,2 %
1942	2,1 %	1,5 %
1943	0,3 %	0,7 %
1944	2,0 %	0,2 %
1945	0,2 %	5,8 %

Nach Angaben im YB 1943—45 berechnet.

Als direkte Konsequenz der drei primären Inflationsanstöße vollzogen sich nun eine Reihe von weiteren Anpassungsvorgängen, die bald wiederum selbst zu eigenständigen Inflationsquellen wurden, indem sie, wie Stromschwankungen am Gitter einer Triode, die Amplitude des Anodenstromes verstärkten. Solche Rückkoppelungen oder „feed-backs" begegnen uns während der gesamten Inflationsentwicklung immer wieder und machen die exakte Trennung der einzelnen Inflationsquellen

---

[18] J. Åkerman, An institutional ..., a.a.O., S. 6.

oft außerordentlich schwierig. Wir wollen uns jedoch solchen Mechanismen nicht weiter widmen, sondern uns jetzt den Maßnahmen zuwenden, die, unter der offiziellen Bezeichnung „Antiinflationspolitik" firmierend, zur Kontrolle der Preisbewegungen und zur Deckung der Budgetdefizite ergriffen wurden.

2. Stabilisierungsmaßnahmen

In den Jahren 1939 bis 1944 sind zahlreiche Versuche unternommen worden, die Preis- und Lohnentwicklung unter Kontrolle zu bringen und die überschüssige Kaufkraft in der Bevölkerung abzuschöpfen. Da eine detaillierte Schilderung der gesamten Stabilisierungspolitik der Kriegsjahre hier zu weit führen würde, beschränken wir uns darauf, solche Maßnahmen darzustellen, deren Auswirkungen noch bis in die Nachkriegszeit hineinreichen.

In das System der Reglementierungsmaßnahmen, das während und auch noch nach dem Kriege zu einem „praktisch alles umfassenden System[19]" ausgebaut wurde, gehört unter anderem die Preis- und Lohnkontrolle als Folge der Angebotsbeschränkung. Die Preiskontrolle wurde im Herbst 1939 gleichzeitig mit einer Rationierung eingeführt, galt zunächst nur für die wichtigsten Lebensmittel und wurde im Oktober 1940 auf alle allgemeinen Bedarfsartikel ausgedehnt. Die Handhabung der Preisreglementierung ging ohne deutliches preispolitisches Konzept vor sich und erst im Laufe der Entwicklung bildete sich eine Faustregel heraus, nach der Preiserhöhungen nur aufgrund von Kostensteigerungen oder teurerer Ersatzproduktion gestattet wurden. Außerdem stützte die Regierung eine Reihe von Preisen durch staatliche Subventionen[20]. E. Törnqvist begründet die Preisreglementierung mit sozialpolitischen Rücksichtnahmen, da sonst infolge der in Kriegszeiten auftretenden Warenknappheit Bevölkerungsschichten mit niedrigerem Einkommen ihren Lebensstandard nicht halten können andererseits aber die Kriegslast gleichmäßig auf alle Staatsbürger verteilt werden muß[21].

Es ist aber auffallend, daß die Preiskontrolle auch dann noch beibehalten wurde, als die Versorgung der Bevölkerung bereits weitgehend über den schwarzen Markt erfolgte. Ihre Beibehaltung diente dann nur noch der Verschleierung der bereits eingetretenen Geldentwertung; diese Aufgabe allerdings erfüllte sie in den Kriegsjahren mit einigem Erfolg. Wesentlich später als die Preisreglementierung wurde die Kontrolle der

---

[19] C. E. Knoellinger, Labor in Finland, Cambridge, Mass., 1960, S. 6.
[20] Vgl. K. Waris, Den reglementerade ..., a.a.O., S. 3. E. Törnqvist, Om prisreglementeringens mål och medel, in: Vårt näringsliv ..., a.a.O., S. 176. Ders., Die Entwicklung ..., a.a.O., S. 65—66.
[21] Vgl. E. Törnqvist, Om prisreglementeringens ..., a.a.O., S. 175.

Löhne eingeführt, und zwar erst im Februar 1941. „The State accepted the 'wage solidarity principle', that is, the lowest wages should be raised most and the highest least ... Sometimes the Government prescribed 'flat' wage increases for all categories of workers, thus also causing a narrowing of the diffentials[22]". Außerdem wurden die Löhne an den Lebenshaltungskostenindex gebunden, und daher hatte die relative Stabilität des offiziellen Preisniveaus schon eine inflationsdämpfende Wirkung. Allerdings wurde die Indexbindung der Löhne auch in die Nachkriegszeit mit übernommen und bildete da eines der wesentlichen Hindernisse für die Geldwertstabilisierung.

Die während des Krieges betriebene Steuerpolitik motivierte man „als ein Mittel zur Inflationsbekämpfung[23]" mit der Notwendigkeit, die überflüssige Kaufkraft in der Wirtschaft wieder abschöpfen zu müssen. S. Tuomioja, damaliger Finanzminister und Notenbankpräsident, beschreibt die Aufgaben der Finanzpolitik folgendermaßen:

„Vom Standpunkt der Inflationsbekämpfung war es unumgänglich, die Kaufkraft, die der Staat auf den Markt pumpte, entweder mit Hilfe der Besteuerung definitiv unschädlich zu machen oder sie wenigstens durch langfristige Anleihen zu binden, um auf diese Weise ihr Auftreten als Nachfrage am Markt zu verhindern"[24].

In Wirklichkeit diente die Finanzpolitik jedoch nur dem ersten Teil dieser Aufgabe, und zwar insoweit, als sie die Kaufkraft über Steuern und Obligationen abschöpfte. Dann aber brachte der Staat die Mittel — wie wir bei der Darstellung des haushaltswirtschaftlichen Kreislaufes sahen — über seine Ausgaben wieder in Umlauf. Die Besteuerung wurde gleich nach dem Kriegsausbruch intensiviert, und über ein umfangreiches Steuerprogramm[25] konnten die Einnahmen von knapp 6 Mrd. mk im Jahre 1940 auf 21,5 Mrd. mk im Jahre 1944 gesteigert werden. (Vgl. Tabelle II). Durch diese Steuern wurde sicherlich ein Teil der überschüssigen Kaufkraft absorbiert, „aber sie nahm doch jährlich um ungefähr ebensoviel zu, wie das Budget an Defizit aufwies[26]".

Neben den Krediten der Zentralbank und den Steuereinnahmen erschloß sich die Regierung über die Ausgabe von Kriegsanleihen eine dritte Finanzierungsquelle. 1940 waren etwa 40 % der Staatsausgaben über Anleihen finanziert; 1942 waren es 21 % und am Ende des Krieges 34 %. (Vgl. Tabelle II). Der Anleihenpolitik des Staates kamen zwei

---

[22] O. E. Knoellinger, a.a.O., S. 6.
[23] R. v. Fieandt, Samhället i svårigheter, in: Ekonomiska Samfundets Tidskrift (im folgenden: EST) 1947, No. LXX, S. 7.
[24] S. Tuomioja, Om statshushållningens utveckling under krigstiden, in: Unitas 1945, No. 1, S. 23.
[25] Vgl. T. Junnila, Die staatliche Besteuerung in den Kriegsjahren, in: EU 1942, deutsche Ausgabe. B. Suviranta, Ein Wirtschaftsprogramm, a.a.O., S. 34.
[26] M. Leppo, Statsfinanserna ..., a.a.O., S. 18.

Umstände sehr zustatten, und zwar war einmal der Kreditbedarf der Wirtschaft gering, und zum anderen setzte, als die Warenknappheit so groß geworden war, daß es selbst zu Schwarzmarktpreisen nichts mehr zu kaufen gab, eine Sparwelle ein. Diesen Sparprozeß förderte die Regierung im Interesse ihrer Abschöpfungspolitik durch die Einführung von Steuererleichterungen auf Sparguthaben. Als Folge stiegen die Spareinlagen 1943 um 7 Mrd. mk; 1941 hatte die Zunahme nur 1,7 Mrd. mk und 1942 4,4 Mrd. mk betragen[27]. Wie die Preis- und Lohnreglementierung war auch die Finanzpolitik ohne richtiges Konzept geführt worden, und so gelang es ihr auch nicht, die Kaufkraft aus den Kreisen abzuschöpfen, in denen sie sich durch die Staatsausgaben angesammelt hatte. Die stärkere Besteuerung traf im Gegenteil vielmehr das Einkommen und den Konsum, weniger die Vermögensbildung, und gab daher Anlaß zu verstärkten Lohnforderungen und einer Verschärfung der Preiskontrolle. Das einmal erreichte hohe Steuerniveau wurde aber nach dem Kriege nicht abgebaut und beeinträchtigte, ebenso wie die fortgesetzten Aufnahmen von Anleihen, die Stabilisierung des Geldwertes.

Mit dieser Entwicklung, die hier in kurzen Zügen geschildert wurde, begann nun ein Prozeß, in dessen Verlauf die Verantwortung für wirtschaftliche Fragen immer mehr auf den Staat überging und der sehr rasch institutionelle Formen annahm. Dabei zeigte die Regierung jedoch eine wenig glückliche Hand in der Verteilung der Entscheidungskompetenzen, so daß schließlich die Verantwortung für die Preis-, die Lohn-, die Steuer-, die Außenhandels- und die Devisenpolitik bei fünf voneinander praktisch unabhängigen Sonderinstitutionen lag[28].

„Aus den einzelnen Regelementierungsmaßnahmen, die sich zu gegebenen Zeitpunkten als notwendig erwiesen, hat man so allmählich, ohne einen durchgehend eingehaltenen Plan, ein ganzes System errichtet. Es ist also nicht verwunderlich, wenn unsere reglementierte Wirtschaft viele Schwierigkeiten aufweist, teils in ihrer Konstruktion, teils bedingt durch fehlende Einheitlichkeit[29]". Es erscheint daher abwegig anzunehmen, daß in dieser Verteilung der Entscheidungs- und Handlungsbefugnisse ein Stabilisierungselement der Wirtschaftspolitik gelegen habe. Für uns ist in diesem Zusammenhang jedoch wichtig festzuhalten, daß hier der Ursprung für das rasche Wuchern der „gebundenen Bürowirt-

---

[27] Vgl. M. Leppo, Die ordentlichen Einnahmen ..., a.a.O. R. v. Fieandt, Beskattning såsom medel i kampen mot inflation, in: Vårt näringsliv ..., a.a.O., S. 33. Bank of Finland Yearbook (im folgenden: YB) 1945, S. 29—30.

[28] Vgl. E. Törnqvist, Die Entwicklung ..., a.a.O., S. 64—65. Ders., Pris- och lönetuvecklingen år 1945, in: EU 1945: II, S. 28; B. Suviranta, a.a.O., S. 34. o. V., Den reglementerade importen, a.a.O., S. 10.

[29] K. Waris, Den reglementerade ..., a.a.O., S. 3.

schaft³⁰" liegt, deren mangelnde Flexibilität später ein geschmeidiges Reagieren des Wirtschaftsapparates auf Konjunkturveränderungen verhindert hat.

Für die Zeit der Kriegsinflation läßt sich also feststellen, daß es einen Kampf gegen die Inflation im Sinne unserer obigen Definition nicht gegeben hat, da das Budget als stärkste Inflationsquelle nicht in die Stabilisierungspolitik miteinbezogen wurde. Das ist unter den gegebenen Umständen erklärlich, und so kann das Argument der Regierung, sie habe mit ihren Reglementierungs- und Abschöpfungsmaßnahmen Antiinflationspolitik betrieben, nur als propagandistisch gewertet werden. Denn selbst innerhalb der quantitätstheoretischen Argumentation widerspricht die Praxis der jährlichen Budgetdefizite der von der Theorie geforderten Verminderung der „Geldmenge". Es ist aber deutlich geworden, daß quantitätstheoretische Vorstellungen die wirtschaftspolitische Diskussion entscheidend geprägt haben. In Finnland habe man „die Bewegung des Geldvolumens zu schematisch als Maß für die Inflation genommen", schreibt H. Schybergson, und fährt fort:

„Die Folge dieser oberflächlichen Betrachtungsweise war, daß man sich im Kampf gegen die Inflation gegen sekundäre Symptome gewandt hat und in manchen Fällen zu Maßnahmen griff, die genau die umgekehrte Wirkung als beabsichtigt zeitigten"³¹.

In diesem Sachverhalt liegt der Ansatzpunkt für die Erklärung vieler wirtschaftspolitischer Entscheidungen sowohl der Kriegs- als auch der Nachkriegszeit, die erst aus der Verbindung solcher quantitativ-mechanistischer Vorstellungen mit der Institutionalisierung der staatlichen Verantwortung im Wirtschaftsleben verständlich werden.

II. Die Nachkriegsinflation 1945—1957

Als Anfang September 1944 der Waffenstillstand mit der Sowjetunion geschlossen wurde, war zwar die unmittelbare Gefahr einer militärischen Okkupation für Finnland vorüber, sein Weiterbestand als freies und unabhängiges Land jedoch noch keinesfalls gesichert. Gemäß Artikel 2 des Abkommens war Finnland nämlich verpflichtet, alle deutschen Truppen auf seinem Gebiet zu entwaffnen, wobei die Rote Armee die Finnen unterstützen sollte. Über die Gründe, warum die Sowjets von diesem Recht keinen Gebrauch machten, lassen sich, solange die Kreml-Archive verschlossen sind, nur Vermutungen anstellen. Bis zum Frühjahr 1945 waren jedenfalls alle deutschen Einheiten aus Finnland vertrieben, ohne daß die Sowjets eingriffen.

---

[30] B. Suviranta, a.a.O., S. 38.
[31] H. Schybergson, Beskattning, bokslut och inflation, in: Vårt näringsliv..., a.a.O., S. 136.

Weitaus nachhaltigere Bedeutung gewann dann aber der Artikel 11 des Waffenstillstandsvertrages, der Finnland zur Leistung von Kriegsentschädigungen an die UdSSR verpflichtete. Zur Überwachung der pünktlichen Einhaltung dieser und weiterer wirtschaftlicher Ansprüche der Sowjetunion etablierte sich eine sowjetisch dominierte Alliierte Kontrollkommission in Helsinki, die ihre Aktivität jedoch weit über den Rahmen ihrer Kontrollbefugnisse hinaus ausdehnte. Sie war bis zu ihrer Auflösung im Jahre 1947 (nach Abschluß des Friedensvertrages in Paris) „im Endeffekt die höchste Autorität in der finnischen Politik[1]" und hatte in der neu gegründeten KP Finnlands einen willigen Erfüllungsgehilfen. Die Serie sehr zweifelhafter Kriegsverbrecherprozesse auf der Grundlage eines „ex-post-factum"-Gesetzes gegen die führenden Mitglieder der Kriegsregierung, die Diffamierung aller politischen Gegner der Kommunisten (insbesondere der Sozialdemokratischen Partei) und die systematische Ausschaltung aller Opposition und Kritik gegen die Sowjetunion gehen auf das Konto der Kontrollkommission und der KPF. In einer Zeit, da äußerste wirtschaftliche Anstrengungen zur Erfüllung der Reparationsverpflichtungen für die Existenz Finnlands von entscheidender Bedeutung waren, haben diese politischen Kämpfe die wirtschaftliche Entwicklung des Landes nachhaltig erschüttert und beeinträchtigt[2].

Neben diesem im wesentlichen politischen Legat des Krieges bestand die wirtschaftliche Sorge des Landes in der Überwindung der Kriegsfolgen (Reparationslieferungen, Ansiedlung der karelischen Flüchtlinge und Wiederaufbau). Obgleich die finanzielle Liquidation des Krieges bis 1952 im wesentlichen abgeschlossen war, wirkten die Folgen der in diesen ersten Jahren unter dem Zwang der gestellten Aufgaben getroffenen Entscheidungen auch in den nachfolgenden Jahren weiter, so daß wir die Grundlage für die Beantwortung unserer Frage nach der Inflationsbekämpfung gerade in der ersten Nachkriegsphase suchen müssen. Da die Überwindung der Kriegsfolgen in der Hauptsache wirtschaftliche Probleme aufwarf, erhebt sich natürlich als erstes die Frage nach der grundsätzlichen Entscheidung über die Wirtschaftsordnung. Während des Krieges hatte man sich, der Not gehorchend, zu einer umfassenden Reglementierung der Wirtschaft entschlossen, und angesichts der gewaltigen Nachkriegsaufgaben erscheint die Ansicht, daß unter dem Zwang der Umstände eine Änderung dieser Politik schlechthin unmöglich war, vertretbar. Demgegenüber ist jedoch darauf hinzuweisen, daß in Finnland bis 1939 eine sehr freiheitliche Wirtschaftsordnung bestand, so daß die Rückkehr zu diesem Prinzip keinesfalls ein Experiment mit etwas Unbekanntem gewesen wäre. Außerdem waren die Ge-

---

[1] A. Goodrich, A study..., a.a.O., S. 93.
[2] Vgl. A. Goodrich, a.a.O., S. 92—104.

fahren einer dirigistischen Wirtschaftspolitik wohl bekannt[3], und die Frage nach der „Zukunft der kontrollierten Wirtschaft" wurde bereits Anfang 1946 in der öffentlichen Diskussion gestellt[4]. Schließlich setzte sich aber jene Ideenströmung durch, der die Kriegswirtschaft Auftrieb gegeben hatte, „die aus der Not eine Tugend machte und das vom Kriege ererbte Wirtschaftssystem auch im Frieden beibehalten wollte[5]".

Damit haben wir die wesentlichen Ingredienzien der Nachkriegsepoche beisammen, die das Bild der wirtschaftlichen Entwicklung und damit auch der Inflation prägten. Wir treten nun also in eine Phase ein, in der der Entstehungsprozeß der Inflation bereits völlig abgeschlossen ist. Das Niveau der Reaktionsbereitschaft ist nun viel höher als in der Anfangsphase, und neue Inflationsstöße werden jetzt sehr rasch resorbiert.

1. Das Jahr 1945

a) Die Ausgangssituation bei Kriegsende

Bevor wir uns nun der Schilderung der einzelnen Ereignisse zuwenden, soll uns eine kurze Bestandsaufnahme die Ausgangssituation der finnischen Wirtschaft an der Jahreswende 1944/45 vor Augen führen. Abgesehen von den Verlusten an Menschenleben (ca. 90 000) waren wohl die Gebietsabtretungen (insgesamt ca. 10 %/o der Gesamtfläche) die spürbarste Veränderung, die der Krieg nach sich gezogen hatte. Mit Petsamo im Norden ging der einzige eisfreie Hafen Finnlands sowie wichtige Erzgruben und Kraftwerke verloren. Der Verlust des Porkkala-Gebietes, wenige Kilometer süd-westlich von Helsinki, hatte dagegen weniger Bedeutung. 1955 gelang es jedoch Präsident Paasikivi die Sowjetunion zur Rückgabe des Geländes zu bewegen. Das schwerste Opfer war jedoch die Abtretung Kareliens mit der alten Hansestadt Wiborg, (Viipuri) und zwar sowohl politisch, denn fast eine halbe Million Menschen (ca. 11 %/o der Gesamtbevölkerung) verloren ihre Heimat, als auch ökonomisch, da Karelien rund 11 %/o der gesamten Industrieproduktion, ca. 16 %/o der Exporterzeugung und in einigen Spezialbranchen über 50 %/o der Landesproduktion lieferte. Außerdem waren rund 60 %/o der gesamten Energieversorgungskapazität Finnlands betroffen, teils, weil die Kraftwerke in Karelien lagen, teils, weil Werke in den neuen Grenzge-

---

[3] Vgl. E. Törnqvist, Die Entwicklung ..., a.a.O.; B. Suviranta, Ein Wirtschaftsprogramm, a.a.O.; T. Junnila, Statshushållningens ..., a.a.O.; M. Leppo, Statsfinanserna ..., a.a.O.; H. Schybergson, Beskattning, bokslut ..., a.a.O.; R. v. Fieandt, Beskattning såsom medel ..., a.a.O.; A. E. Tudeer, Förändringar i sedelstocken under kriget, in: EU 1944; o. V., Till Riksdagens Bankfullmäktige, a.a.O.
[4] Vgl. K. Waris, Den reglementerade hushållningens framtid, a.a.O.
[5] B. Suviranta, Über die finnische Währungspolitik in der Nachkriegszeit, in: Zeitschrift des Inst. f. Weltwirtschaft, Bd. 91, Heft 1, 1963, S. 131.

bieten nun wertlos geworden waren. Schließlich sei auch noch der Saimaa-Kanal erwähnt, der als direkte Verkehrsverbindung zu den Holzeinschlagsgebieten und Sägewerken im Saimaa-Gebiet und in Savolax besondere Bedeutung für die Konkurrenzfähigkeit des Holzexports hatte[6].

Neben diesen unmittelbaren Verlusten lag eine weitere Schwierigkeit darin, daß der gesamte Produktionsapparat während der Kriegsjahre stark in Mitleidenschaft gezogen worden war. Auf notwendige Ersatzinvestitionen und technische Neuerungen hatte man weitgehend verzichten müssen und der Maschinenpark war daher veraltet und verbraucht. Bombenschäden taten ein übriges, so daß am Ende des Krieges allein auf dem Gebiet der industriellen Investitionen ein ungeheurer Nachholbedarf vorhanden war.

In dieser Situation stand Finnland vor der schweren Aufgabe, Reparationsgüter im Werte von 300 Mill. Vorkriegsdollar erstellen zu müssen. Der Artikel 11 des Waffenstillstandsabkommens lautete:

„Losses caused by Finland to the Sovjet Union by military operations and the occupation of Sovjet territory will be indemnified by Finland to the amount of 300 million dollars, payable over six years in commodities (timber, paper, wood pulp, sea-going and river craft, sundry machinery)"[7].

Die Zahlungsperiode wurde dann im Dezember 1945 um zwei Jahre verlängert und im Sommer 1948 erließen die Sowjets Finnland die Hälfte der noch ausstehenden Lieferungen, so daß die Reparationen eine Gesamthöhe von nominell 226,5 Mill. Dollar erreichten[8]. Das weitaus schwerwiegendste Problem für die Erfüllung dieser Verpflichtungen ergab sich nun daraus, daß lediglich 28 % der Lieferungen aus Produkten der Forst-, Holz- und Papierindustrie bestand, „die immer Finnlands Hauptexportartikel gewesen sind und die vor dem Kriege mehr als 80 % des Gesamtexports ausmachten"[9]. Der Anteil der Metall- und Werftindustrie betrug dagegen 72 %; „vor dem Krieg stellten die Erzeugnisse dieser Branche 4 % der Exporte"[10]. Finnland war daher gezwungen, neben der Erneuerung seines veralteten Produktionsapparates zusätzlich einen ganzen Industriezweig neu aufzubauen; „das bedeutete, daß sich das wirtschaftliche Leben Finnlands einer plötzlichen strukturellen Veränderung anpassen mußte"[11]. Die Lösung dieses Pro-

---

[6] o. V., Die wirtschaftliche Bedeutung Kareliens, in: Unitas 1944; A. Goodrich, a.a.O., S. 92.

[7] A. Goodrich, a.a.O., S. 97.

[8] A. Karjalainen, Holz- und Volkswirtschaft, Helsinki 1957, S. 22. Siehe dazu auch: 2. Kap., I, 1. Das Budgetvolumen.

[9] K. O. Alho, The present economic position in Finnland, MB 1946, No. 1—3, S. 25.

[10] Ibid., S. 25.

[11] A. Karjalainen, a.a.O., S. 22.

II. Die Nachkriegsinflation 1945—1957

blems aber erforderte Zeit, „aber Zeit war das knappste aller Güter, da jede Verzögerung der Lieferungen (mit hohen Strafgebühren und Verzugszinsen belegt) ein Desaster bedeutete"[12]. Die ersten direkten Folgen der Reparationen waren der fast übergangslose Wechsel von der Kriegsproduktion zur vollbeschäftigten Wirtschaft und eine plötzliche Anspannung am Geldmarkt[13].

Die zweite große Nachkriegsaufgabe war die Wiederansiedlung der geflüchteten Karelier. Da etwa die Hälfte der Vertriebenen in der Landwirtschaft beschäftigt gewesen war, entwarf die Regierung auf der Grundlage des sog. Landbeschaffungsgesetzes ein Kolonialisationsprogramm, in das auch Kriegsinvalide und -hinterbliebene einbezogen wurden und das gleichzeitig mit einer Landreform verbunden war. Über Landkäufe und Zwangsenteignungen wurden rund 2 Mill. ha an etwa 105 000 Familien neu verteilt; weiterhin wurden die Flüchtlinge für ihre Verluste zu zwei Dritteln entschädigt, und zwar teils in bar, teils durch 100prozentig indexgebundene Obligationen[14].

Aus dieser Fülle der zu bewältigenden Organisations- und Finanzierungsprobleme ergab sich nun, daß der Einfluß des staatlichen Sektors im wirtschaftlichen Leben immer mehr zunahm.

„As rationing could not be abandoned in face of the prevailing shortage of goods State control was needed to promote production in the most important industrial branches, and the national economy still had to work under the limitations imposed on it by the World War. Besides this, all the issues arising out of the armistice agreement, and in general the task of re-establishing something like peace-time conditions, raised many problems which could not be solved without Government control ...

The main traits of war-time regulations pertaining to business life, rationing, prices and rents remained unchanged, but many additional regulations and instructions regarding their application were issued"[15].

Vor diesem Hintergrund wurde die Inflation zu einem entscheidenden Problem der wirtschaftlichen Entwicklung. Erste Anzeichen hierfür zeigten sich bereits gegen Ende 1944, als am Geldmarkt eine tiefgreifende Wandlung sichtbar wurde. Die bisherige Überliquidität verschwand, und die rasch zunehmende Kapitalnachfrage bewirkte eine anhaltende, scharfe Anspannung am Kreditmarkt[16].

Politische Konflikte, hauptsächlich am Arbeitsmarkt ausgetragen, verschärften die Lage noch mehr. Eine erste Indikation hierfür war

---

[12] A. Goodrich, a.a.O., S. 97.
[13] Vgl. YB 1943—45, S. 24; A. E. Tudeer, The Bank of Finland in 1939—1945, MB 1946, No. 1—3, S. 19.
[14] Vgl. F. Valros, Finland efter år 1946, Helsinki 1952, S. 40; H. E. Pipping, Finlands näringsliv efter andra världskriget, Helsinki 1954, S. 44—48; A. Karjalainen, a.a.O., S. 26; A. Goodrich, a.a.O., S. 96.
[15] YB 1943—45, S. 8.
[16] Ibid., S. 13.

die unter dem Druck der Gewerkschaften vorgenommene Aufhebung einiger Arbeitsmarktkontrollen.

„Obviously the control of wages and of the right to freely choose employment belonged to the wartime measures which caused the greatest resentment among workers, quite apart from the fact, that the political parties respresenting the latter more than before shared in the responsability of government. The Labour Control Act was accordingly abrogated as early as autumn 1944. This alone was enough to make it difficult to keep up a strict control of wages, and as open labour conflicts had to be avoided in the industries working for war reparations, as in most other branches of production, the claims for higher wages usually gave positive results"[17].

Es gelang den Gewerkschaften, sowohl Lohnerhöhungen als auch die Umstellung der $^2/_3$-Indexkompensation auf volle Kompensation durchzusetzen, so daß der offizielle Lohnindex (1938 = 100) im Dezember 1944 auf 175 Punkte gestiegen war, während die offizielle Notierung für den Lebenshaltungskostenindex (1938 = 100) 203 Punkte betrug[18]. „In Wirklichkeit sind die Löhne jedoch ... wesentlich mehr und im allgemeinen schneller gestiegen als der Lebenshaltungskostenindex"[19].

b) Lohnkämpfe, Abwertungen und „sedelklippning"

Mit Beginn des Jahres 1945 brachen sich schließlich diese zunehmend stärker werdenden Tendenzen endgültige Bahn, und die mühsam zurückgestaute Inflation nahm den Charakter einer offenen, galoppierenden Inflation an. Die Unzufriedenheit in der Bevölkerung wuchs und die Gewerkschaften erhielten starken Zulauf. Die Ursache dieser Mißstimmung lag vor allem in der anhaltend schlechten Versorgungslage. „Postwar slackness was noted in many spheres in a weakening of efficiency and desire to work and in social unrest[20]." Zahlreiche kleinere Streiks brachen aus, obwohl die Regierung versuchte, den Arbeitsfrieden mit einer generellen Lohnerhöhung zu bewahren.

In dieser Phase begannen die Gewerkschaften ihr Mitspracherecht in Lohn- und Sozialfragen mehr und mehr durchzusetzen, wobei die Regierung zunehmend in die Defensive gedrängt wurde. Den Auftakt dafür, daß die Gewerkschaften in die Rolle eines politischen Machtfaktors hineinwachsen konnten, bildete das Zusammentreffen dreier Entwicklungen. Einmal verlieh der im Herbst 1944 einsetzende, sprunghafte Anstieg ihrer Mitgliederzahlen den Gewerkschaften ein eigenes politisches Gewicht als Repräsentanz der Arbeiterschaft. Hinzu trat, als zweites, der Beginn eines sehr heftigen Machtkampfes innerhalb

---

[17] K. Waris, Structural changes ..., a.a.O., S. 30.
[18] Vgl. E. Törnqvist, Pris- och löneutvecklingen, in: EU 1944, S. 56—60.
[19] Ibid., S. 60.
[20] YB 1943—45, S. 16.

des Zentralverbandes der finnischen Gewerkschaften[21], der durch die nun einsetzende kommunistische Unterwanderung des Gewerkschaftsapparates ausgelöst wurde. Als drittes Element schließlich beschnitt die Notwendigkeit, die Reparationsproduktion auf jeden Fall in Gang halten zu müssen, die Handlungsfreiheit der Regierung.

Im März 1945 mußte der Lohnrat dann seine Tätigkeit einstellen, da der SAK aus Protest gegen die Haltung der Regierung seine Vertreter abberief. Einen Monat später sah sich Ministerpräsident Paasikivi gezwungen, sein Kabinett umzubilden, um dem Wunsch der Linksparteien nach stärkerer Beteiligung an der Regierungsverantwortung Rechnung zu tragen. Im Mai wurde dann nochmal der Versuch unternommen, die Preis- und Lohnentwicklung unter Kontrolle zu bekommen, als der Preis- und Lohnrat in einem Organ zusammengefaßt wurden. Trotzdem wurde die Aufrechterhaltung der Preisstabilität unter dem Druck immer neuer Forderungen der Gewerkschaften ständig schwieriger, und gegen Ende des zweiten Quartals begannen Preis- und Lohnsteigerungen einander in rascher Folge zu jagen[22]. Im Juni gab die Regierung ein neues Lohndekret heraus, das die Grenzen für neue Lohnabsprachen regelte[23], aber die Bestimmungen dieser Verordnungen „wurden vielfach in einer Weise ausgelegt, daß die Löhne schließlich das vorgesehene Niveau weit überschritten. Folglich lagen sie im Herbst 1945 in den meisten Sektoren zweimal, in einigen sogar dreimal so hoch wie der Jahresdurchschnitt 1944"[24]. Das Lohndekret wurde daher von der tatsächlichen Entwicklung einfach überholt, und es folgten ihm eine ganz Reihe weiterer Verordnungen," von denen einige unter der Drohung eines Generalstreiks herausgegeben und praktisch vom SAK diktiert wurden"[25].

Die politischen Ursachen dieses plötzlichen Inflationsausbruches lagen vor allem in der veränderten Machtgruppierung, die sich nach der Aufhebung des Verbots der kommunistischen Partei ergab, und in der 1946 bevorstehenden Reichstagswahl[26].

„The ,wage-race' in 1944—1945 had the character of a release of strong forces which had been checked during the war period. It was largely political in character but at the same time the supply situation of the country was very

---

[21] Suomen Ammattiyhistysten Keskusliitto, im folgenden SAK.
[22] Vgl. YB 1943—45, S. 24; Unitas 1945, Blick på det första kvartalet, S. 29; Unitas 1945, Blick på det andra kvartalet, S. 44.
[23] C. E. Knoellinger, Labor ..., a.a.O., S. 104—105.
[24] YB 1943—45, S. 24.
[25] C. E. Knoellinger, a.a.O., S. 105.
[26] Vgl. E. Törnqvist, Pris- och löneutvecklingen år 1945, a.a.O., S. 27—28; H. E. Pipping, Finlands näringsliv ..., a.a.O., S. 190.

serious and induced workers to attempt to raise their level of living by repeatedly demanding higher wages"[27].

Hinzu kam aber auch, daß die Regierung kein einheitliches Konzept zur Regelung der Lohnfrage hatte. „Man kann durchaus behaupten, daß ein Großteil der Lohn- und Preissteigerungen hätten vermieden werden können, wenn eine besser vorbereitete und fester organisierte staatliche Führung vorhanden gewesen wäre, die der Entwicklung einen planmäßigeren Verlauf hätte geben können[28]." Die Unentschlossenheit der Regierung mag damit zusammenhängen, daß die Kommunisten und die Sozialdemokraten, die die Gewerkschaften kontrollierten und vornehmlich natürlich die Interessen ihrer Wählerschaft vertraten, je sieben von insgesamt 23 Kabinettsämtern innehatten, so daß eine zurückhaltende Lohnpolitik von der Regierung gar nicht erwartet werden konnte. Aber auch im Reichstag ergab sich „eine bedenkliche Schwierigkeit, nämlich die, daß einem so großen Teil unserer Politiker die Schulung in wirtschaftlichen Dingen fehlt. Man kann verstehen, daß Personen, die in ökonomischen Fragen keine Erfahrung besitzen, falsche Vorschläge machen und diese sogar durchdrücken. Ein typisches Beispiel hierfür ist die Lohnpolitik, die trotz aller Warnungen 1945 geführt wurde"[29].

Da sich die Preiskontrolle nun nicht mehr aufrecht erhalten ließ, stand die Entwicklung des Preisniveaus eindeutig im Zeichen der Lohnpolitik[30], mit dem Resultat, daß die Preise 1945 ebensoviel stiegen wie in allen Kriegsjahren zusammen. „The rise in the cost of living index totalled 201 points, or 99 %, as against but 3 % in 1944 ... The index for wholesale prices rose ... by 93 %, ... for home products 103 %[31]." Das Ergebnis dieser Lohnpolitik war daher, daß die Reallöhne überhaupt nicht stiegen, sondern daß die „neuen Lohnsätze höhere Produktionskosten, höhere Preise und einen Verlust an Geldwert"[32] nach sich zogen.

Aber nicht allein die Lohnpolitik, sondern auch die dreimalige Abwertung der Finnmark trug über steigende Preise für Importgüter zu dem Preisauftrieb bei. Während der Kriegsjahre war die Preisentwicklung in den verschiedenen Partnerländern Finnlands unterschiedlich verlaufen, so daß 1944 eine Disparität zwischen der inneren und der äußeren Kaufkraft der finnischen Währung bestand.

---

[27] C. E. Knoellinger, a.a.O., S. 102.
[28] E. Törnqvist, Pris- och lönepolitiken, in: EU 1946, S. 22.
[29] R. v. Fieandt, Samhället ..., a.a.O., S. 10.
[30] Vgl. E. Törnqvist, Pris- och lönepolitiken, a.a.O., S. 28.
[31] YB 1943—45, S. 37.
[32] Ibid., S. 24.

„As long as relations with foreign countries were very restricted and the trade in currency as well as imports and exports were subject to control, this caused no appreciable inconvenience, but as in 1945 the trend was toward greater freedom and more active trade, it became necessary to remove this tension; the more so as the price level in Finland began to rise more rapidly than in the war years owing to the general increase in wages. Thus the disparity between the home and foreign value of the mark became even greater than before[33]."

Daher beschloß die Bank von Finnland im Mai, die Mark um 75 % abzuwerten, und als das Inlandspreisniveau weiter anstieg, folgten im Juli und Oktober noch zwei weitere Abwertungen von 40 % bzw. 12½ %.

„Diese drastische Operation war bei Berücksichtigung der finnischen Handels- und Zahlungsbilanz und der Beschäftigungslage nicht mehr zu vermeiden", schreibt B. Suviranta[34]. Allerdings sollte man bei der Beurteilung dieser Abwertungen nicht übersehen, daß aufgrund des herrschenden Arbeitskräftemangels weder die Beschäftigungslage besorgniserregend[35] noch eine Korrektur der Währungsparitäten aus zahlungsbilanzpolitischen Gründen unumgänglich war, da der Außenhandel 1945 weitgehend bilateral verlief. Somit erscheinen „die Nachteile, die sich durch fehlendes Wechselkursgleichgewicht" ergaben, „geringer, als der mit der Wechselkurserhöhung verknüpfte destabilisierende Preiseffekt"[36], und der in dieser Periode rasch steigender Preise sehr ungünstige Zeitpunkt für die Abwertungen fällt daher um so mehr ins Gewicht. „Mit der anhaltenden Inflation, zu der die stattgefundenen Abwertungen ihren Beitrag lieferten, setzte sich nämlich der Preisanstieg fort, so daß die Preise schon 1948 ein Niveau erreichten, das durchschnittlich dasjenige von 1945 um etwa 150 % bis 200 % überstieg[37]."

Die Auswirkungen der durch Lohnerhöhungen und Abwertungen verursachten Preisentwicklung schlugen sich auch auf dem Geldmarkt nieder, denn die ohnehin schon schwierige Befriedigung der Investitionskapitalnachfrage wurde nun durch die zusätzlich auftretende Nachfrage nach Betriebskapital noch mehr belastet. „This tenseness was increased by the fear of inflation which made the general public disinclined to bank their money. For these reasons the deposits of the credit institutions rose more slowly than in previous years, while the credits

---

[33] Ibid., S. 36.
[34] B. Suviranta, Währungspolitik ..., a.a.O., S. 132.
[35] Vgl. YB 1943—45, S. 24.
[36] B. Suviranta, a.a.O., S. 131.
[37] Ibid., S. 132.

increased greatly as well as the note issue[38]." In dieser Situation entschloß sich die Regierung und die Notenbank zu dem Versuch, das Vertrauen in die Währung durch eine drastische Maßnahme, das sog. „sedelklippning", wiederherzustellen.

„To stop the rampant inflation special measures were introduced to tie excessive purchasing power, by decreasing note circulation ... This measure ... was realised by devaluating by 50 % the 5000, 1000 and 500 mark notes as from the end of the year. The right halves of the notes were to be presented against receipts ... to go to the credit of the State, while the left sides and notes below 500 marks were temporarily used as legal tender, to be exchanged within a fixed period for new notes"[39].

Im August 1945 hatte der Notenumlauf mit über 18 Mrd. mk seinen bisherigen Höchststand erreicht, aber als erste Gerüchte über den geplanten Notenumtausch und die Zwangsanleihe bekannt wurden, strömte ein Teil des umlaufenden Geldes zu den Banken, da die Bankkonten von dieser Maßnahme nicht betroffen waren. „In November the minds of the public grew calmer and the note circulation rose again ... but when in December it became clear that the planned exchange was really to take place, the notes began to burn in people's pockets and, especially on the last days of the year, they flowed to the banks[40]."

Der Effekt des „sedelklippning" war jedoch praktisch gleich Null, denn es richtete sich lediglich gegen ein Symptom, nicht aber gegen die Ursache der Inflation. „Es sei natürlich ausgeschlossen, daß die Geldpolitik sich normalerweise solcher Methoden bedient, aber selbst als eine Notwehrmaßnahme verfehlte die Operation ihr Ziel[41]." Da die Bankeinlagen nicht betroffen waren, weil man befürchtet hatte, „die Sparer damit von den Banken zu vertreiben"[42], trat die erwartete allgemeine Liquiditätseinengung nicht ein. Die Arbeitgeber sahen sich nicht gezwungen, den Lohnforderungen nun einen härteren Widerstand entgegenzusetzen, und so hatte die Kürzung des Notenumlaufes praktisch überhaupt keine Auswirkung auf die weitere Preis- und Lohnentwicklung. „Die ganze Maßnahme erscheint, nachträglich betrachtet und aufgrund der Geldmarktstatistiken, als ein ziemlich harmloser, vielleicht ein wenig fauler Trick von Seiten des Staates... mit im Endeffekt unbedeutenden Wirkungen[43]."

---

[38] Vgl. YB 1943—45, S. 28; Unitas 1945, S. 51; O. Toikka, Development in monetary capital in recent years, in: Unitas 1950.
[39] YB 1943—45, S. 19; „Sedelklippning" ist eine Wortprägung der Umgangssprache und spielt auf das Durchschneiden der Banknoten an. Sedel = Banknote; Klippning von klippa = schneiden.
[40] YB 1943—45, S. 41—42; vgl. auch T. Junnila, Sedelutbytet vid årsskiftet 1945/1946, in: EU 1946.
[41] N. Meinander, Penningpolitiken ..., a.a.O., S. 135.
[42] Ibid., S. 136.
[43] R. Kullberg, Penningmarknaden i Finland åren 1939—1952, Lizenziatenarbeit für die Åbo Akademi, Åbo 1955, S. 204 (unveröffentlicht).

II. Die Nachkriegsinflation 1945—1957

Das „sedelklippning" in Zahlen[a]
Notenumlauf in Mill. mk.

1938	2 085,9
31. 1. 1945	15 027,5
31. 8. 1945	18 871,9
30. 11. 1945	17 414,4
31. 12. 1945	13 597,7
1. 1. 1946	7 951,8
30. 4. 1946	18 107,6

a) T. Junnila, Sedelutbytet ..., a.a.O., S. 54.

Die Ereignisse des Jahres 1945 zusammenfassend können wir der Lohnentwicklung eindeutig den stärksten Inflationsimpuls zuschreiben, womit sich die Lage gegenüber den Kriegsjahren, in denen das Budget die hauptsächliche Quelle der Inflation war, gewandelt hat[44]. Preiskontrolle und Preisstops konnten den rapiden Anstieg des Preisniveaus nicht aufhalten, der zudem durch die dreimalige Abwertung der Mark noch zusätzlich forciert wurde. Ebensowenig erwies sich die Reduzierung des Geldumlaufvolumens um ca. 5 Mrd. mk als ein geeignetes Mittel zur Inflationsbekämpfung.

Die einzige Möglichkeit aber, der Inflation Herr zu werden, nämlich die politische Lösung, war aufgrund der neu entstandenen Machtverhältnisse nicht realisierbar; „den Kampf gegen die Inflation und für die Stabilisierung konsequent und zielbewußt aufzunehmen, war doch mehr, als was die politischen Kräfte damals zu leisten imstande waren"[45].

2. Politische Unruhen 1946—1949

Verglichen mit 1945 verlief die Entwicklung in den nun folgenden Jahren zumindest äußerlich sehr viel ruhiger; nichtsdestoweniger fiel in der Zeit von 1946 bis 1949 die Entscheidung über die politische Zukunft Finnlands. „In 1946 the development of economic life in Finland bore the impress, on the one hand of the measures to unravel the aftermaths of the war, and on the other hand of the revival of international relations and domestic production[46]."

Um die pünktliche Erfüllung der Reparationsverpflichtungen sicherzustellen, gleichzeitig aber auch, um nach den Ereignissen von 1945 das Preisniveau zu stabilisieren, verkündete die Regierung Pekkala

---

[44] Vgl. P. Pajunen, Statshushållningens ..., a.a.O., S. 46; o. V., Till Riksdagens Bankfullmäktige, a.a.O., S. 16.
[45] F. Valros, Finland efter ..., a.a.O., S. 48.
[46] YB 1946, S. 1.

im Juni 1946 einen halbjährigen Burgfrieden. Im Oktober berief sie dann einen Wirtschaftsrat mit dem Auftrag, ein Programm zur Steigerung der Produktion und des Lebensstandards auszuarbeiten und „die mögliche Sozialisierung geeigneter Branchen des Handels und der Industrie oder ihre erweiterte öffentliche Kontrolle in anderer Form zu untersuchen und zu planen und der Regierung hierzu Vorschläge zu unterbreiten"[47].

Innerhalb der Regierungskoalition kam es jedoch bald zu Meinungsverschiedenheiten, nachdem die Landarbeiterlöhne erhöht worden waren und die Mehrheit des Kabinetts eine Kompensation für die Landwirte durch eine Heraufsetzung der Preise für Agrarprodukte ablehnte[48]. Aufgrund dieser politischen Differenzen fand das Programm des Wirtschaftsrates nur zum Teil die Zustimmung des Reichstages[49]. Dennoch trat in der zweiten Jahreshälfte als Folge des allgemeinen Lohn- und Preisstops eine spürbare Stabilisierung des Preisniveaus ein[50]. Der Staatshaushalt allerdings wurde nicht in den Rahmen der Stabilisierungsmaßnahmen einbezogen; „eine wichtige Ursache für die Inflation ist immer noch die Tatsache, daß die Staatsfinanzen 1946 nicht ausgeglichen werden konnten"[51].

Auch das Jahr 1947 stand noch weitgehend unter dem Eindruck der Nachwirkungen des Krieges, wenn sich auch im Zuge der anhaltend guten Exportkonjunktur die Versorgungslage in Finnland merklich besserte[52]. Im März hobe die Regierung dann die Rationierung für Fleisch und Kartoffeln auf, „aber da ein allgemeines Programm für den Übergang zu einer freieren Wirtschaft fehlte, waren die Ergebnisse solcher Maßnahmen in mancher Hinsicht ungünstig"[53]. Das Preisniveau geriet nach mehreren Monaten der Ruhe wieder in Bewegung, und dies gab dann Anlaß zu erneuten Lohnforderungen; allerdings spielten hier neben den Preissteigerungen auch politische Gründe eine Rolle.

„The demand was generally for higher wages and other advantages. In spring the former were particularly stimulated on the one hand by the rise in the price of meat due to its derationing, and on the other hand by the fact that the election for the meeting of representatives of the central organisation of Finnish trade unions took place about the end of April, the different groups vying each other in holding out rosy prospects"[54].

---

[47] MB 1946, No. 10—12, Items.
[48] Vgl. F. Valros, a.a.O., S. 22.
[49] Vgl. YB 1946, S. 2.
[50] Vgl. K. O. Alho, The economic position in Finland in 1946, MB 1947, No. 1—3, S. 27.
[51] Ibid., S. 27.
[52] Vgl. YB 1947, S. 1.
[53] Ibid., S. 2.
[54] Ibid., S. 10.

II. Die Nachkriegsinflation 1945—1957

Der gewerkschaftsinterne Machtkampf zwischen Sozialdemokraten und Kommunisten erreichte mit dem bevorstehenden Gewerkschaftskongreß seinen Höhepunkt und wirkte sich bis in die von beiden Parteien getragene Regierungskoalition aus. Kommunistisch inspirierte „wilde Streiks", gegen den ausdrücklichen Willen des SAK, waren an der Tagesordnung. Gleichzeitig beschwor Ministerpräsident Pekkala mit seiner Forderung nach absoluter Aufhebung der Lohnkontrolle bei unveränderter Preiskontrolle eine Regierungskrise herauf, vor deren Beilegung am 21. Mai das Kabinett am 16. Mai eine 14- bis 17prozentige Lohnerhöhung verfügte. Die Entscheidung auf dem SAK-Kongreß im Juni fiel dann knapp zugunsten der Sozialdemokraten aus (169 gegen 128 Stimmen in der Wahl des 1. Vorsitzenden bei insgesamt 300 Delegierten), aber die Situation am Arbeitsmarkt blieb auch weiterhin bedrohlich, da die wilden Streikaktionen anhielten und der SAK im August mit einem Generalstreik drohte. Daraufhin beschloß die Regierung im Oktober eine Lohnerhöhung von 11—25 % für die verschiedenen Lohngruppen und entschied sich außerdem für die Bindung der Löhne an den Lebenshaltungskostenindex[55].

„As this decision was enforced without allowing time for prices to adapt themselves to increased production costs, it is to be feared that inflation is going to continue. Since then special measures have been taken to combat the rising prices"[56].

Diese Maßnahmen zur Bekämpfung von Preissteigerungen weiteten sich im Laufe der Zeit zu einer besonderen Art der Preispolitik aus, die sich ganz auf die Manipulation des Lebenshaltungskostenindex konzentrierte und mit der man versuchte, „unter anderem durch Preis- und Steuersenkungen, erhöhtes Kindergeld oder Zinssenkungen, den Anstieg des Index in einem kritischen Monat zu verhindern. Dies war die Methode des sog. Punktekaufens (poäng-köp)"[57]. Durch diese Politik, die nun ihrerseits wieder das Budget belastete, war ein weiterer Anlaß zu noch stärkerer Besteuerung gegeben[58], so daß sich mit der Einführung der Indexbindung der Teufelskreis der Lohn-Preis-Spirale noch enger schloß und die Stabilisierungsbemühungen der Regierung wirkungslos blieben[59]. Als Ergebnis dieser Entwicklung stiegen die Lebenshaltungskosten 1947 um ca. 54 % und die Großhandelspreise um 40 %. Da die heftigen politischen Auseinandersetzungen mit dem beginnenden Wahlkampf für die Reichstagswahlen von 1948 nun von der Gewerkschaftsebene auf die nationale Ebene übergriffen, wobei

---

[55] Vgl. K. O. Alho, a.a.O., S. 26; C. E. Knoellinger, a.a.O., S. 110; F. Valros, a.a.O., S. 23, 52 und 49; YB 1947, S. 10.
[56] YB 1947, S. 10.
[57] F. Valros, a.a.O., S. 64.
[58] H. Valvanne, Public finance in 1947, MB 1948, No. 11—12, S. 19.
[59] Vgl. K. O. Alho, The economic position in Finland in 1947, MB 1948, No. 1—2, S. 26; YB 1947, S. 2.

die Kommunisten in scharfer Polemik die Errichtung eines sozialistischen Staates nach tschechoslowakischem Muster forderten, kam in der Bevölkerung eine regelrechte Inflationspsychose auf. Panikkäufe, Flucht in die Sachwerte und ein erheblicher Rückgang in der Depositenentwicklung waren deutliche Anzeichen für den Schwund des Geldwertvertrauens, den diese Entwicklung ausgelöst hatte und den auch die Diskonterhöhungen der Zentralbank nicht mehr auffangen konnten[60].

Bis 1947 hatte die Bank von Finnland an ihrem Vorkriegszinssatz von vier Prozent festgehalten, aber als die Geschäftsbanken ihre Zinsen erhöhten, setzte die Bank den Diskont im Juni und im Dezember um $1/2\%$ bzw. um $3/4\%$ herauf; allerdings erwies sich dieser Schritt als „unzureichend, um das Gleichgewicht auf dem Geldmarkt wieder herzustellen"[61]. Daher wurde im darauffolgenden Jahr erstmalig eine Indexbindung für Kredite diskutiert, aber die Notenbank „behielt die alte, wohlerprobte Methode zur Einschränkung überflüssiger Investitionen und zur Stützung des Geldwertes bei"[63] und erhöhte den Diskontsatz 1948 schließlich auf $7 1/4 \%$[62].

Der Preisauftrieb von 1947 hielt in der ersten Jahreshälfte 1948 zwar noch an, dann aber trat eine Stabilisierung des Preisniveaus ein, und gegen Ende des Jahres begannen die Preise sogar zu sinken. Zu diesem Umschwung trug das Zusammenwirken einer ganzen Reihe von Faktoren bei. Zunächst verloren die Kommunisten in den Reichstagswahlen vom Juli bei einer Rekordwahlbeteiligung 13 Mandate, und die Regierung Pekkala mußte zurücktreten. Bei der Bildung einer neuen Regierung blieben die Kommunisten ausgeschlossen und waren bis 1966 nicht mehr an der Regierungsverantwortung beteiligt. Dann verfügte die neue Regierung Fagerholm die teilweise Aufhebung der Preis- und Importkontrolle und wies erneute Lohnforderungen der Gewerkschaften ab. Als drittes drosselte der im Herbst einsetzende Rückgang der ausländischen Nachfrage nach finnischen Exportgütern die Preisentwicklung ebenso wie die erwähnte Erhöhung der Diskontsätze[63]. Weiterhin bewirkte „das wiederauflebende Vertrauen der Öffentlichkeit in die Währungsstabilität" einen Rückgang der Nachfrage und einen „starken Zufluß von Geldmitteln in den Kreditinstituten"[64].

---

[60] Vgl. A. E. Tudeer, The Bank of Finland in 1947, MB 1948, No. 1—2, S. 16; A. Goodrich, a.a.O., S. 111; YB 1947, S. 15 und 25; MB 1947, No. 10—12, Market Review.

[61] A. E. Tudeer, a.a.O., S. 19; vgl. auch YB 1948, S. 19.

[62] YB 1948, S. 19; vgl. auch MB 1948, No. 1—2, Market Review.

[63] Vgl. F. Valros, a.a.O., S. 25—27; A. Goodrich, a.a.O., S. 111; B. Suviranta, Some aspects on banking policy during inflation, in: Unitas 1951, No. 4, S. 92; YB 1949, S. 1—2, 12, 15, 19 und 23.

[64] YB 1948, S. 23 und S. 2; vgl. auch R. Kullberg, Penningmarknaden ..., a.a.O., S. 216.

Zu Beginn des Jahres 1949 wirkte sich der Exportrückgang jedoch bereits auf die Beschäftigungslage aus, und die für Finnland typische saisonale Winterarbeitslosigkeit trat erstmalig nach dem Kriege wieder auf. Um diese Arbeitslosigkeit aufzufangen, begann die Regierung in großem Umfang mit der Organisation von Notstandsarbeiten, bei denen die Arbeitssuchenden im Straßen- und Wasserwegebau eingesetzt wurden. Im Februar beauftragte sie dann ein Wirtschaftskomitee unter Vorsitz des Notenbankpräsidenten Tuomioja mit der Ausarbeitung eines kurzfristigen Hilfsprogramms zur Überwindung der Exportkrise[65]. Der Bericht der Kommunisten lag Ende Mai vor; er enhielt eine Fülle von Vorschlägen für den Abbau des Reglementierungsapparates und für die Beschränkung des Staatshaushaltes. Zur Frage der Wechselkurse traf er folgende Feststellung:

„Despite the latent need of an adjustment of the exchange rates apparent also in Finland, the committee does not consider the present conditions auspicious to the accomplishment of this measure"[66].

Wenige Tage darauf jedoch erfolgte dann die Abwertung der Finnmark um 18 %, und nach der Devalvation des englischen Pfundes vom Herbst 1949 wertete Finnland nochmals um 44 % ab[67].

Damit waren zwar die Schwierigkeiten der Exportindustrie behoben, aber die nun steigenden Importpreise verstärkten den einheimischen Preisauftrieb, der im April nach der Beseitigung einiger Preissubventionen eingesetzt hatte. Daraufhin forderten die Gewerkschaften erneut Lohnerhöhungen, und als die Regierung diese verweigerte, brachen zahlreiche Streiks im ganzen Land aus[68]. Die Position der Regierung war aber darüber hinaus noch durch den scharfen Gegensatz zwischen den in der Regierungsverantwortung stehenden Sozialdemokraten und den Agrariern geschwächt; dieser Konflikt hatte sich an den Liberalisierungsmaßnahmen Fagerholms entzündet[69]. Gegen Ende des Jahres verstärkte sich außerdem die politische Agitation der Kommunisten, da im folgenden Jahr Präsidentschaftswahlen bevorstanden. Daher nahm der Druck der Gewerkschaften auf die Regierung immer mehr zu, und im Dezember wurden die Stundenlöhne dann schließlich um $7^{1}/_{2}$ % erhöht, obwohl der Lebenshaltungskostenindex den Punkt, an dem die Lohnerhöhung vertragsgemäß erfolgt wäre, noch gar nicht erreicht hatte. Von den Vorschlägen des Wirtschaftsrates wurden aufgrund der parteipolitischen Differenzen nur die Erhöhung der Getreidepreise und der

---

[65] Vgl. YB 1949, S. 2, 11 und 27; MB 1949, No. 1—2, Items; MB 1949, No. 5—6, Items.
[66] MB 1949, No. 5—6, Items.
[67] Vgl. S. Tuomioja, The devaluation of the Mark, MB 1949, No. 7—8, S. 25 ff.; YB 1949, S. 25—26.
[68] Vgl. YB 1949, S. 11.
[69] Vgl. F. Valros, a.a.O., S. 27—28; YB 1949, S. 26.

Altbaumieten realisiert[70]. Der Diskontsatz der Notenbank hingegen wurde wieder um zwei Prozent gesenkt; „die übrigen Punkte des Plans wurden nicht verwirklicht und die Lohnerhöhung, die Ende des Jahres gebilligt worden war, stand nicht in Übereinstimmung mit dem Stabilisierungsplan"[71].

Mit dem Ausklang des Jahres 1949 ist der Höhepunkt der äußerst heftigen, innenpolitischen Konflikte überschritten und der Bestand der demokratischen Regierungsform in Finnland gesichert. Allerdings gelang dies nur auf Kosten der Geldwertstabilität, denn sowohl die Indexbindung der Löhne als auch der Umstand, daß die 1948 sich ergebende Möglichkeit einer Stabilisierung nicht genutzt werden konnte, gaben der Inflation neuen Auftrieb.

3. Der Korea-Boom 1950—1952

In den nun folgenden drei Jahren stand die Wirtschaft Finnlands im Zeichen des Korea-Booms, der einen bis dahin nicht erreichten Exportaufschwung mit sich brachte. Die damit verbundene hohe Binnenliquidität erweiterte den Handlungsspielraum von Staat und Wirtschaft so weit, daß sich nunmehr erstmalig nach dem Kriege die Möglichkeit für eine spürbare Liberalisierung der Wirtschaftspolitik ergab, ohne daß ernsthaft die Gefahr schwerwiegender und nachhaltiger Störungen des Wirtschaftsablaufes zu befürchten gewesen wäre. Eingeleitet wurde diese Phase zunächst mit der Durchführung der im Dezember 1949 beschlossenen Lohnerhöhungen. Gleichzeitig damit verfügte die Regierung Fagerholm jedoch auch die Aufhebung der Indexbindung für Löhne und verzichtete auf eine weitere staatliche Kontrolle des Arbeitsmarktes. Diese Entscheidung fiel in eine Zeit äußerst heftiger, politischer Konflikte und führte zu so weitgehenden Lohnerhöhungen, daß sie bald darauf wieder rückgängig gemacht werden mußte.

Die schärfsten Kritiker der Liberalisierungsmaßnahmen Fagerholms waren die Kommunisten und die Agrarier, die für die bevorstehenden Präsidentschaftswahlen je einen eigenen Gegenkandidaten zu Präsident Paasikivi (parteilos, aber von den Sozialdemokraten unterstützt) nominiert hatten. Nach der Wiederwahl Paasikivis stellte die Regierung traditionsgemäß ihre Ämter zur Verfügung, und Kekkonen übernahm im März die Führung eines rein bürgerlichen Kabinetts[72].

---

[70] Vgl. YB 1949, S. 2 und 11.

[71] Ibid., S. 2.

[72] Vgl. F. Valros, a.a.O., S. 28—29, 50 und 55; Economic Survey-Konjunkturbericht zum Haushaltsvoranschlag, hrsg. von der volksw. Abtlg. des Finanzministeriums (im folgenden: ES; für die schwedische Ausgabe ‚Översikt av det ekonomiska läget': EÖ), Helsinki 1950, S. 20; C. E. Knoellinger, a.a.O., S. 7.

„The change of Government at the presidential elections and the setting up of a non-socialist minority Government tended to increase the existing political tension and to intensify the conflicts between the different economic and social groups"[73].

Im Mai drohte der SAK mit einem Generalstreik, der dann mit einer 15prozentigen Lohnerhöhung, der Wiedereinführung der Arbeitsmarktkontrolle und der erneuten Indexbindung der Löhne abgewendet werden konnte. Gleichzeitig versuchte die Regierung, den Anstieg der Lebenshaltungskosten durch den massierten Einsatz fiskalischer Maßnahmen zu bremsen, verschärfte die Preiskontrolle, gestattete aber inkonsequenterweise eine Preiserhöhung für landwirtschaftliche Produkte[74]. Trotzdem ließ die politisch motivierte Unruhe am Arbeitsmarkt nicht nach. „The left, which was not represented in the new government was in sharp opposition to the policy of stabilisation and other economic policies of the Government[75]." Im Herbst brach dann ein Metallarbeiterstreik aus, und der Generalstreik drohte erneut; auch diesmal wurde der Konflikt durch weitere Lohnerhöhungen beigelegt. In beiden Fällen waren die Tarifabkommen zeitlich nicht begrenzt und führte daher in Verbindung mit der Kompensation für die gestiegenen Lebenshaltungskosten zu erheblich stärkeren Lohnerhöhungen als vorgesehen. Daher war es dann unmöglich, den Lohndruck durch Rationalisierung oder ähnliche Maßnahmen aufzufangen und so eine Reallohnsteigerung zu erreichen. „Thus the higher wages did not signify an increase in the workers real earnings, but merely a reduction in the purchasing power of the currency[76]."

Als weitere Inflationsquellen neben der Lohnentwicklung wirkten nun einerseits die Folgen der Budgetbelastung durch die Subventionsmaßnahmen und andererseits die hohe Liquidität der Exportindustrie, die von der Nachfragebelebung und der Preissteigerung am Weltmarkt im Zuge des Korea-Booms profitierte.

„The wage advances in turn resulted in price increases and, as the tendency was supported by similar price movements abroad, the increase was sharp during the year causing a fall in the value of the mark. This new inflation, due in the main to wage increases, was further stimulated by the continuous expansion of State finances and by the inflation psychosis and the unrest spreading among the public ... The reaction of the public to the increased risk of inflation was reflected on the money market in a considerable decrease of deposits and a greater demand for credits"[77].

---

[73] K. O. Alho, The economic position in Finland in 1950, MB 1951, No. 1—2, S. 18.

[74] Vgl. K. O. Alho, a.a.O., S. 20; F. Valros, a.a.O., S. 30 und S. 50; YB 1950, S. 24—25; ES 1950, S. 21; MB 1950, No. 7—8, Market Review.

[75] K. O. Alho, a.a.O., S. 18.

[76] YB 1950, S. 10.

[77] K. O. Alho, a.a.O., S. 19; vgl. auch YB 1950, S. 2, 19, 22, 24 und 25.

Die einsetzende Kaufpanik und die Flucht in die Sachwerte waren weitere Anzeichen für die umsichgreifende Inflationsfurcht. In dieser Situation erhöhten die Versicherungsgesellschaften sowie die Geschäftsbanken ihre Kreditzinsen, und die Bank von Finnland schlug den Bankbevollmächtigten ebenfalls eine Diskonterhöhung vor. „Merkwürdigerweise war die Mehrheit der Bevollmächtigten gegen diesen Vorschlag. Man argumentierte — sehr einseitig —, daß die Inflation eine Kosteninflation sei und daß eine Diskonterhöhung die Lage noch verschlimmern würde[78]." Das Zinsniveau wurde dann erst im November entsprechend der bisherigen Linie der Zentralbankpolitik um zwei Prozent heraufgesetzt[79].

Der Preisanstieg während des gesamten Jahres lag bei durchschnittlich 20 %; auch der Subindex für Nahrungsmittel erhöhte sich trotz der Stabilisierungsmaßnahmen um ca. 14 %[80]. Damit waren die Versuche der Regierung, die Preisstabilität zu wahren, gescheitert. „The attempts to consolidate economic conditions and the value of the currency were arrested halfway, partly on account of the difficulties connected with them, partly because all questions were given a political tinge. Questions that arose had to be settled without any general economic programme, often as a temporary expedient dictated by necessity[81]."

Gegen Ende 1950 waren bereits Stimmen laut geworden, die eine Verbreiterung der Regierungsbasis forderten, und im Januar 1951 bildete Kekkonen dann unter Beteiligung der Sozialdemokraten ein Koalitionskabinett mit einer parlamentarischen Stütze von 130 der insgesamt 200 Mandate im Reichstag. Nach der Reichstagswahl dieses Jahres schrumpfte die Mandatsanzahl der Koalitionsparteien zwar etwas, aber die Regierungskoalition blieb unverändert. Innerhalb der Gewerkschaften fanden die Auseinandersetzungen zwischen Kommunisten und Sozialdemokraten ihren Abschluß, nachdem die Sozialdemokraten auf dem Kongreß im Juni ihre Position wesentlich stärken konnten, und die heftige Polemik der früheren Jahre ließ nach.

Anfang Mai wurden die Verhandlungen über einen fünfmonatigen Burgfrieden erfolgreich abgeschlossen und ein allgemeiner Lohn- und Preisstop verkündet; gleichzeitig beauftragte die Regierung wieder eine Wirtschaftskommission mit der Ausarbeitung von Stabilisierungsmaßnahmen. Der Bericht der Kommission lag im September vor und trug, wenn auch nicht so ausgeprägt wie vorher, die Anzeichen eines

---

[78] R. Kullberg, a.a.O., S. 145.
[79] Vgl. F. Valros, a.a.O., S. 50; YB 1950, S. 15 und S. 19; MB 1950, No. 5—6, Market Review.
[80] YB 1950, S. 24—25.
[81] Ibid., S. 2.

Kompromisses zwischen den verschiedenen wirtschaftspolitischen Parteiinteressen. Sein Hauptanliegen betraf die Kontrolle und die Verminderung der Investitionstätigkeit, eine Abschöpfung der hohen Exportgewinne und eine Modifikation des Lohnsystems durch die Schaffung eines neuen Indexes, Abschwächung der Lohnzuwachsrate und die feste Bindung der landwirtschaftlichen Einkommen an das allgemeine Einkommensniveau[82]. Es gelang tatsächlich, im Reichstag eine Mehrheit für dieses Programm zu erreichen und die Programmpunkte Schritt für Schritt durchzusetzen. Allerdings war eine der Vorbedingungen für die Zustimmung der Parteien, daß der Diskontsatz der Zentralbank wieder gesenkt wurde. „Once again economic realities have had to give way to a political issue[83]."

Die Bank beugte sich dem politischen Druck und senkte das Zinsniveau um zwei Prozent, obwohl sie „die Zeit für eine Zinssenkung noch nicht für gekommen hielt, insbesondere da ein hoher Zinssatz als eine wichtige Waffe im Kampf gegen die Inflation galt"[84]. Um nun doch noch die hohen Exportüberschüsse, die sich ungünstig auf das Inlandspreisniveau auswirkten, neutralisieren zu können, verpflichtete die Bank die Exporteure, bis zu 20 % ihrer Erlöse auf einem Sonderkonto zu deponieren. Diese sog. Exportabgabe wurde dann zu 80 % stillgelegt und zu 20 % für Importsubventionen verwendet.

Teilweise unter dem Einfluß dieser Maßnahmen, teilweise aber auch aufgrund der Normalisierung am Weltmarkt setzte in Finnland gegen Ende des Jahres bereits eine rückläufige Preisentwicklung ein. Der Importpreisindex fiel bereits seit dem Sommer, während sich der Anstieg der Exportpreise wesentlich verlangsamte. Damit zeichnete sich der Importüberschuß und die Passivierung der Handelsbilanz ab, die in Finnland regelmäßig auf einen Exportboom folgt. Insgesamt war die Entwicklung 1951 doch wesentlich ruhiger als im Vorjahre und diese Beruhigung schlug sich in einem starken Zustrom von Depositen in den Geldinstituten nieder[85].

1952 wirkte sich die Normalisierung des Weltmarktes in Finnland in vollem Umfang aus, und die Exportpreise für Holz- und Papierprodukte lagen in der zweiten Jahreshälfte zwischen 35 und 50 % unter dem Höchststand von 1951. Der nun einsetzende Exportrückgang wurde

---

[82] YB 1951, S. 18; vgl. auch A. E. Tudeer, The Bank of Finland in 1952, MB 1953, No. 1—2, S. 25.
[83] B. Suviranta, Some aspects ..., a.a.O., S. 92.
[84] YB 1951, S. 18.
[85] Vgl. F. Valros, a.a.O., S. 31—32, 51, 56, 61—63; K. Lagus, Pris- och löneutvecklingen, in: EU 1953; YB 1951, S. 2, 9, 14, 18, 20 und 22; MB 1951, No. 1—2, Market Review; MB 1951, No. 3—4, Items; MB 1951, No. 5—6, Market Review; MB 1951, No. 9—10, Items; MB 1951, No. 11—12, Market Review und Items.

dann noch zusätzlich durch die Mengenbeschränkungen und die Höchstpreisfestsetzungen für Holzwaren seitens der OECD-Länder verschärft. Mit dem Nachlassen der Exportkonjunktur verschlechterte sich gleichzeitig die Beschäftigungslage, und die wirtschaftspolitischen Zielsetzungen der Regierung konzentrierten sich nun, nachdem die Reparationslieferungen an die Sowjetunion abgeschlossen waren, immer mehr auf die Erhaltung der Vollbeschäftigung. Trotzdem machte sich am Arbeitsmarkt gegen Ende des Jahres eine leichte Unruhe bemerkbar, die jedoch nach der Bereinigung der innenpolitischen Situation keine gravierenden Folgen hatte.

Da aufgrund der 1951 reichlich bewilligten Importlizenzen das Einfuhrvolumen weiterhin kräftig anstieg, verbesserte und vergrößerte sich das Warenangebot spürbar; „diese Zunahme war als solche bereits ein starker antiinflatorischer Faktor"[86]. Auf der anderen Seite zwangen die steigenden Importe die Zentralbank jedoch zu erneuten Kreditrestriktionen, die sie nun, bedingt durch den Ausfall der Diskontpolitik, in der Form strengerer Rediskontbestimmungen durchzusetzen suchte[87]. Die Technik der Rediskontpolitik bestand darin, daß, sobald die rediskontierenden Banken (Geschäftsbanken und Zentralkasse der genossenschaftlichen Kreditinstitute) ein von der Zentralbank festgesetzes Rediskontkontingent überschritten, die Refinanzierung durch einen gestaffelten Strafzins verteuert wurde. Dieser zusätzliche Zins erreichte maximal drei Prozent und durfte nicht auf die Kreditnehmer überwälzt werden[88]. Das bedeutete für die Geschäftsbanken, deren Anteil an der gesamten Rediskontsumme durchschnittlich 90 % betrug[89], daß die Kreditvergabe für den Betrag, mit dem sie die strafzinsfreie Grenze überschritt, direkt verlustbringend war"[90].

Bei dieser einseitig gegen die Geschäftsbanken gerichteten Geldpolitik „stellt sich die Frage..., ob man es als angemessen ansehen soll, daß die Geschäftsbanken mit dem geltenden Strafzinssystem fortgesetzt dafür bestraft werden, daß sie ihre Aufgabe erfüllen"[91]. Angesichts der nachteiligen Folgen dieser Politik für den Kreditmarkt, die

---

[86] E. H. Laurila, On factors affecting wage and price changes, in: Economic Review — Quartalsbericht der Kansallis-Osake-Pankki (im folgenden KOP) 1955, No. 3, S. 129.
[87] Vgl. K. O. Alho, The economic position in Finland in 1952, MB 1953, No. 1—2; YB 1952, S. 1—2, 9—12, 18 und 23; EÖ 1952, S. 12 und 13; MB 1952, No. 7—8, Market Review; MB 1952, No. 11—12, Market Review.
[88] Vgl. K. Waris, Some features of central banking in Finland, MB 1961, S. 6 und 7; YB 1952, S. 18.
[89] R. Ilaskivi, Rahapolitikka ja taloudellinen tasapaino Suomessa toinen maailmansodan jälkeen, Helsinki 1959, S. 90.
[90] R. Kullberg, a.a.O., S. 232.
[91] o. V., „Rediskontpolitik", in: Mercator vom Januar 1953.

Investitionstätigkeit und damit weitergehend auch für die Geldwertstabilität müssen wir diese Frage verneinen. Andererseits sollten wir dabei nicht übersehen, daß diese restriktive Politik der Bank von Finnland praktisch durch die politischen Instanzen aufgezwungen worden war, nachdem sie ihre Diskontpolitik aufgeben mußte. Überhaupt können wir für diesen Zeitabschnitt feststellen, daß die aufgrund der Hochkonjunktur gegebene Chance für eine wirkliche Liberalisierung und auch Stabilisierung infolge der herrschenden politischen Zwistigkeiten nicht genutzt wurde. Die Haushaltsüberschüsse, die sich durch die erhöhten Steuereinkünfte angesammelt hatten, wurden sofort wieder verplant, so daß nun, als der Boom in einer Rezession endete, keinerlei Reserven mehr vorhanden waren.

4. Die Krisenjahre 1953—1957

Während für den Zeitraum von 1945 bis 1952 — aufgrund besonderer Ereignisse wie dem Lohn-Preis-Wettlauf von 1945, den politischen Machtkämpfen und der Korea-Krise — eine stärkere Untergliederung in Einzelphasen gerechtfertigt war, so lassen sich die nun folgenden Jahre bis 1957 in einem Abschnitt zusammenfassen. Die Reparationslieferungen an die Sowjetunion waren abgeschlossen, und innenpolitisch hatte sich die Lage ebenfalls beruhigt, nachdem die Kommunisten sowohl in den Reichstagswahlen von 1948 und 1951 als auch innerhalb der Gewerkschaften eine Niederlage erlitten hatten. Ihre Agitation konzentrierte sich jetzt immer mehr auf den „soft sell"[92]. Die innerpolitischen Auseinandersetzungen verlagerten sich jetzt mehr und mehr auf Rivalitäten unter den bürgerlichen Parteien, wobei die Sozialdemokraten wegen ihrer harten anti-kommunistischen Linie auch zu diesem Block zu rechnen sind. Nachdem sich die wirtschaftspolitische Diskussion, von dem Druck zwingender Entscheidungen befreit, nun weitgehend um die „richtige" Verteilung des Sozialprodukts drehte, traten zwar interessenbedingte Gesichtspunkte noch stärker als bisher in den Vordergrund, aber die Fragestellung richtete sich jetzt auf einen Wandel *im* System. nicht auf einen Wandel *des* Systems. Für den Bereich der Wirtschaftspolitik waren allerdings die Weichen bereits in den ersten Nachkriegsjahren gestellt, und wir können jetzt verfolgen, wie die Entwicklung innerhalb des einmal abgesteckten Rahmens von reglementierter Wirtschaft und Indexautomatismus langsam der Krise von 1956 zutreibt, zu der wir auch die Abwertung vom September 1957 hinzurechnen, obwohl zwischen beiden Ereignissen ein Zeitraum von 18 Monaten liegt. Die Konkurrenzfähigkeit der Exportindustrie hatte sich nämlich nach

---

[92] A. Goodrich, A study..., a.a.O., S. 133.

dem Streik von 1956 so sehr verschlechtert, daß die Abwertung nicht mehr zu umgehen war.

Die Entwicklung im Jahre 1953 stand bis zur Jahreshälfte noch deutlich unter dem Eindruck der schwachen Weltmarktnachfrage nach finnischen Exportgütern. Erst um die Jahresmitte zeichnete sich ein Umschwung ab, und das Ausfuhrvolumen nahm wieder zu. Obwohl auch die Importe weiterhin stiegen, verwandelte sich doch das Zahlungsbilanzdefizit des Vorjahres (— 25 Mrd. mk) in einen Überschuß von knapp 10 Mrd. mk. Eine Preiswirkung ging von der Verbesserung der Exportkonjunktur jedoch noch nicht aus. Insgesamt lag das Preisniveau im Inland, vor allem aufgrund der „Poäng-köp"-Politik, um einige Prozent unter dem von 1952. Durch die Ausweitung der Haushaltsausgaben einerseits, zu der vor allem die Aufwendungen für Notstandsarbeiten beitrugen, und durch den Rückgang des Steueraufkommens andererseits geriet die Staatskasse im Laufe des Jahres in eine bedrohliche Lage[93].

Agrarier und Sozialdemokraten konnten sich jedoch nicht auf ein gemeinsames Aktionsprogramm einigen, und die Koalition brach auseinander. Kekkonen bildete im Juli 1953 seine vierte Koalitionsregierung, aber sein Sanierungsprogramm für das Budget scheiterte an der starken parlamentarischen Opposition. Zwar wurde die Finanzkrise durch einen Kredit der Zentralbank zunächst abgewendet, aber das Grundproblem blieb bestehen, zumal im September die schwebende Staatsschuld bei der Bank von Finnland in eine langfristige Anleihe umgewandelt und damit die kurzfristige Defizitfinanzierung über die Notenbank erheblich erschwert wurde. In den folgenden Monaten wechselte die Regierung zweimal, bis Kekkonen schließlich im Oktober 1954 die Führung einer „rot-grünen" Koalition aus Agrariern und Sozialdemokraten übernahm. Den Hintergrund dieser Regierungswechsel bildete, neben der prekären Lage des Staatshaushaltes, vor allem die sog. Indexkrise, die nach der Belebung der Binnenkonjunktur durch einen allmählichen Anstieg des Preisniveaus ausgelöst worden war. Dadurch hatte sich der Lebenshaltungskostenindex dem Wert 105 (Basis: Oktober 1951 = 100) genähert, so daß nach den Indexvereinbarungen eine fünfprozentige Erhöhung der Löhne und der landwirtschaftlichen Einkommen bevorstand. Nachdem der Index mehrere Monate knapp unter dem kritischen Punkt verharrt hatte, drohte der SAK mit einem Generalstreik, um die Lohnerhöhung zu erzwingen. Damit stellte sich für die Regierung die Alternative, entweder das Lohnsystem zu ändern oder ihre Zuflucht zum „Poäng-köp" zu nehmen,

---

[93] Vgl. YB 1953, S. 1—2, 10, 14, 19—21 und 23; MB 1953, No. 7—8, Market Review.

und Kekkonen entschloß sich bei seiner Amtsübernahme zu einer kräftigen Reduzierung der Lebenshaltungskosten. Damit belastete er das Budget durch erhöhte Subventionen und durch Steuerausfälle mit rund 36 Mrd. mk, aber der Index sank von 104 Punkten (Oktober) auf 98 Punkte (November), und der Generalstreik war für diesmal wieder abgewendet. Als dann gegen Ende des Jahres trotzdem wieder eine gewisse Unruhe am Arbeitsmarkt auftrat, konnte sie durch die Verschiebung der Lohnverhandlungen über auslaufende Tarifverträge zunächst beseitigt werden[94].

Die Anfang 1955 getroffenen Lohnvereinbarungen hielten sich dann im Rahmen des Produktivitätszuwachses und die Industrielöhne stiegen etwa 5 %, während für die Landarbeiterlöhne eine Steigerung von 11 % und für Forstarbeiter von ca. 20 % konzidiert wurden. Auch die Preisentwicklung verlief, hauptsächlich unter dem Einfluß der Stabilisierungsmaßnahmen, ebenfalls verhältnismäßig ruhig; allerdings stiegen die Lebenshaltungskosten im Oktober wieder bis auf 101 Punkte, nachdem die jährliche Erhöhung der gebundenen Mieten sowie einige Steuererhöhungen durchgeführt wurden. Diese waren notwendig geworden, da das Budget nach der Indexkrise ein beträchtliches Defizit aufwies. Außerdem mußte die Regierung zur Deckung des Fehlbetrages zusätzliche Kredite bei der Zentralbank aufnehmen.

Die Bank von Finnland versuchte nun die Liquiditätsausweitung, die vom Budget und der anhaltenden Exportkonjunktur ausging, durch eine Reihe von Maßnahmen zu bremsen. Im Februar vereinbarte sie mit den Geldinstituten ein Kassenreserveabkommen, das die Institute verpflichtete, je nach Größe, 25 bis 40 % ihres monatlichen Einlagenzuwachses (Vergleichsbasis: der entsprechende Monat des Vorjahres) bei der Zentralbank zinstragend zu deponieren. Der Vertrag wurde mehrmals verlängert — zuletzt bis Juni 1956 —, aber die Anspannung am Geldmarkt nach dem Generalstreik vom März 1956 sowie der danach einsetzende Depositenrückgang entzogen ihm die Grundlage. Ergänzt wurde das Kassenreservenabkommen einerseits durch die Wiedereinführung der Exportabgaben und andererseits durch ein neues Instrument, die Importlizenzdepositionen. Die Bank veranlaßte nämlich die Importeure, bei der Beantragung einer Importlizenz 10 % — später dann sogar 20 % — des Rechnungsbetrages zu hinterlegen[95]. In dem gleichen Zeitraum, da diese drei Maßnahmen gültig waren, erhöhte sich

---

[94] Vgl. H. E. Laurila, On factors ..., a.a.O., S. 131; H. Valvanne, Public financy in a quandary, in: KOP 1955, No. 2, S. 81—82; YB 1954, S. 1—2, 9, 21—22; ES 1956, S. 8 und 69; MB 1954, No. 9, No. 10 und No. 12, Market Review; MB 1956, No. 1, Recent Developments.

[95] Vgl. EÖ 1955, S. 35; YB 1955, S. 1, 8, 15, 20, 25—28; MB 1955, No. 10, Market Review.

jedoch das Rediskontvolumen von 2,4 Mrd. auf 27,0 Mrd. mk, so daß ihr Nettoeffekt praktisch gleich Null war. Im November wurde dann das bisherige Lohnsystem geändert, als die Tarifpartner ein Abkommen schlossen, mit dem die automatischen Lohnerhöhungen durch das Recht der Gewerkschaften zur Eröffnung von Lohnverhandlungen nach einem beträchtlichen Anstieg des Indexes (d. h. ca. 5 %) ersetzt wurden.

Damit war die Situation gegen Jahresende wegen der ungebrochenen Exportkonjunktur, der angespannten Haushaltlage und der künstlich zurückgestauten Preise sehr labil, als im Dezember die Verlängerung des „Notstandskontrollgesetzes" im Reichstag abgelehnt wurde. Dieses Gesetz aus der Kriegszeit gab der Regierung die Handhabe zur Durchführung von Preis- und Lohnkontrollmaßnahmen. Die Regierung erhielt zwar eine Reihe von Einzelbefugnissen durch neue Gesetze, so daß der Kontrollapparat im wesentlichen bestehen blieb, aber die Verantwortung für die Lohngestaltung ging wieder vollständig auf die Tarifpartner über. Auf dem Gebiet der Preiskontrolle konnte die Regierung nur noch die Preise importierter Güter direkt und die Preise einheimischer Güter auf dem Umweg über die Subventionen indirekt beeinflussen. „Thus, at the end of 1955 the dammed up inflation pressure formed a threat against the stabilisation policy[96]."

Zu Beginn des Jahres 1956 kulminierten die seit 1953 allmählich stärker werdenden Inflationstendenzen in einem explosionsartigen Ausbruch. Im Januar erhöhten die Bauern die Preise für Milchprodukte und, als die Regierung, die jetzt keine gesetzliche Grundlage mehr hatte dies zu verhindern, hierauf die betreffenden Preissubventionen strich, stieg der Lebenshaltungskostenindex im Februar auf 107 Punkte. Daraufhin forderten die Gewerkschaften die sofortige Senkung der Lebenshaltungskosten auf 101 Punkte oder eine Lohnerhöhung als Ausgleich für die Indexsteigerung seit November 1954, unabhängig von den ohnehin schon laufenden Tarifverhandlungen. Der Arbeitgeberverband lehnte eine generelle Lohnerhöhung jedoch ab, und die Regierung sah sich aufgrund der angespannten Haushaltssituation nicht in der Lage, die Lebenshaltungskosten mit „Poäng-köp"-Maßnahmen zu senken.

Am 1. März brach dann der Generalstreik aus, dem sich ca. 450 000 Arbeiter und Angestellte anschlossen, der insgesamt 19 Tage dauerte und einen Verlust von ca. 7 Mill. Arbeitstagen bedeutete. Als Gegenmaßnahme traten die Bauern am gleichen Tage in einen Distributionsstreik, der jedoch drei Tage später bereits beendet wurde. Inzwischen war nämlich die Regierung Kekkonen zurückgetreten, und der neue Ministerpräsident Fagerholm erfüllte bei seinem Amtsantritt am 3. März die Forderungen der Bauern. Die Beilegung des Streiks,

---

[96] YB 1955, S. 28.

der zeitweise zu blutigen Zusammenstößen zwischen Streikenden und der Polizei führte und das Land an den Rand eines völligen wirtschaftlichen Zusammenbruchs brachte, kostete den Staatshaushalt aufgrund einer Erweiterung der „Poäng-köp"-Politik und des Rückganges der Steuereinnahmen, bedingt durch den Produktionsausfall und Steuerkonzessionen, rund 54 Mrd. mk. Dadurch geriet der Staatshaushalt in eine akute Kassenkrise und mußte seine gesetzlichen Zahlungen einstellen. Zur Überwindung der Krise verfügte die Regierung die Erhöhung einiger indirekter Steuern und Tarife sowie die Kürzung von Subventionen, so daß der Index trotz der inzwischen wiedereingeführten Preiskontrolle im November schon 118 Punkte erreicht hatte. Die daraufhin einsetzenden Lohnverhandlungen wurden erst 1957 abgeschlossen. Im geldpolitischen Bereich versuchte die Zentralbank, die Auswirkungen des Streiks durch die Beibehaltung ihrer Kreditrestriktionen abzumildern, mußte aber ihre Sondermaßnahmen vom Vorjahre aufheben. Beachtenswert ist die Flucht der Spargelder von den normalen zu den indexgesicherten Konten, die innerhalb des Jahres von 0,3 Mrd. auf 22,4 Mrd. mk anstiegen[97].

Neben den wirtschaftlichen Anlässen waren wieder einmal politische Gründe die eigentliche Ursache für den Ausbruch des Streiks. Innerhalb der sozialdemokratischen Partei waren nämlich bald nach der erfolgreichen Abwehr der Kommunisten ideologische Differenzen aufgetreten, die vor allem die wirtschaftspolitische Linie der Partei und damit auch die Rolle der Gewerkschaften in der Wirtschaft betrafen. Grundsätzlich ging die Auseinandersetzung darum, ob die Partei sich konsequent für eine raschere Industrialisierung Finnlands einsetzen solle, was gleichbedeutend mit einer Forcierung der Land-Stadt-Bewegung gewesen wäre und die Partei in einen noch schärferen Gegensatz zu den Agrariern gebracht hätte, oder ob die wirtschaftliche Entwicklung in Zusammenarbeit mit dem Bauernbund langsamer betrieben werden solle, um der kommunistischen Partei nicht durch den Zustrom ungelernter Industriearbeiter ein zusätzliches Wählerreservoir zu schaffen. Da dieser Konflikt auch innerhalb der sozialdemokratischen Gewerkschaften einen Riß hervorrief, muß der Generalstreik bereits als Vorbote des erst ein Jahr später vollzogenen Bruchs dieser beiden ideologischen Richtungen gewertet werden[98]. Als weiterer Teilfaktor

---

[97] Vgl. P. Viita, The Finnish economy in 1956, MB 1957, No. 2, S. 18; T. Takki, The chain of events leading to the treasury cash crisis, in: KOP 1957, No. 2, S. 62—67; H. E. Laurila, The recent development of wages and prices, in: KOP 1957, No. 2, S. 75—76.; K. Lagus, Prisutvecklingen och stabiliseringsprogrammen, in: EU 1957, S. 88—89; C. E. Knoellinger, Labor ..., a.a.O., S. 120—126; ES 1956, S. 40, 68—70; ES 1957, S. 95—96; YB 1956, S. 7—9, 16, 21, 29—32; MB 1956, No. 5, Recent Developments.
[98] Vgl. J. Nousiainen, Finlands politiska partier, Stockholm 1960, S. 32—33; H. Waris, Samhället Finland, Stockholm 1961, S. 25; A. Goodrich, a.a.O., S. 128.

für den Streikausbruch kam noch hinzu, daß im gleichen Jahr Präsidentschaftswahlen bevorstanden, in denen die beiden Exponenten der großen Parteien, der Sozialdemokrat Fagerholm und der Agrarier Kekkonen, gegeneinander kandidierten[99]. Dadurch wurde der Gegensatz: Stadt—Landbevölkerung noch mehr betont, so daß der Generalstreik gleichzeitig „ein Machtkampf der verschiedenen wirtschaftlichen Gruppen des Landes"[100] war.

Die Entwicklung im Jahre 1957 stand dann weitgehend unter dem Eindruck der Nachwirkungen des Generalstreiks. Nachdem Fagerholm für sein Wirtschaftsprogramm nicht die Zustimmung des Parlaments erhielt, trat die Regierung zurück und Sukselainen (Agrarier) bildete ein neues Koalitionskabinett, das sich jedoch nicht auf eine Mehrheit im Reichstag stützen konnte, und so wurde auch sein Stabilisierungsprogramm nur zum Teil verwirklicht[101]. Da sich das Preisniveau infolge des Streiks und der damit zusammenhängenden Fiskalmaßnahmen ständig weiter erhöhte, geriet die Exportindustrie zunehmend in Wettbewerbsschwierigkeiten, da sie durch die Lohnerhöhungen vom Vorjahr stark belastet wurde und nun außerdem noch die Weltmarktpreise sanken. Der Import hingegen stieg unvermindert an, die Devisenreserven nahmen sehr rasch ab, so daß sich die Bank von Finnland dazu entschloß, ihre Vorbereitungen für eine erneute Abwertung der Mark zu beschleunigen. Im Rahmen dieser Aktion gelang es ihr, die Tarifpartner zu einer Lockerung der Indexbindung zu bewegen und von der Regierung eine Zusage über die Liberalisierung der Westimporte zu erhalten (vgl. auch 2. Kap., Außenhandel). Als diese Bedingungen erfüllt waren, gab die Bank am 16. September die Abwertung der Finnmark um 39 % bekannt[102]. Mit der Durchführung dieses Abwertungskonzeptes war eine entscheidende Wende vollzogen. Die wichtigsten Reste der Kriegswirtschaft und zugleich zwei der stärksten Inflationsquellen, der Indexautomat und die Importkontrolle, waren beseitigt.

Die weitere Entwicklung im letzten Quartal 1957 war dann im wesentlichen durch die Auswirkungen der Abwertung geprägt. Als erste Reaktion machte sich eine allgemeine Inflationsfurcht bemerkbar, die sich in einer ausgedehnten Flucht in die Sachwerte, einem Run auf die Läden, Kurssteigerungen an der Börse und umfangreichen Trans-

---

[99] Vgl. J. Nousiainen, a.a.O., S. 17.
[100] C. E. Knoellinger, a.a.O., S. 126.
[101] Vgl. K. Lagus, Prisutvecklingen och stabiliseringsprogrammen, a.a.O., S. 89—93.
[102] Vgl. J. Linnamo, The Bank of Finland in 1957, MB 1958, No. 1, S. 18 ff.; E. Laatto, The Finnish economy in 1957, MB 1958, No. 2, S. 18—19; YB 1957, S. 1, 7—8, 23, 32—35; ES 1957, S. 7—9, 32—34, 37, 62—66; MB 1957, No. 4, No. 6, Recent Developments.

fers von Sparmitteln auf indexgebundene Konten äußerte[103]. „Zum Glück legte sich die erste Nervosität sehr bald. Der Umstand, daß die Panikstimmung so rasch und völlig verschwand, kann der während dieser Periode befolgten Zentralbankpolitik zugeschrieben werden. Einerseits gelang es der Bank, den Devisenmarkt unter ihrer Kontrolle zu halten, d. h. es trat kein akuter Mangel an Devisen auf... Auf der anderen Seite behielt die Bank die Politik des knappen Geldes konsequent bei, wodurch der Geldzufluß gedrosselt wurde und die Möglichkeit des Publikums zu spekulativen Transaktionen eingeschränkt wurde[104]." Gestützt wurde diese allmähliche Beruhigung durch die überraschend geringen Preissteigerungen im Gefolge der Abwertung. Bei einem Abwertungssatz von 39 % stiegen die Importpreise bis Anfang 1958 nur um ca. 11 %, während das Importvolumen um den gleichen Prozentsatz zurückging. Das war einerseits auf die geringe Bereitschaft der Importeure, die teureren Waren in gleichem Umfang wie vorher einzukaufen, und andererseits auf den Kaufkraftrückgang in der Bevölkerung als Folge der Rezession und der Arbeitslosigkeit zurückzuführen. Beim Export gab es bis Ende 1957 sogar einen zweiprozentigen Rückgang des Volumens und die Preiserhöhungen lagen bei ca. 16 %[105]. „Weder die finnischen noch die ausländischen Käufer waren also bei den herrschenden Konjunkturverhältnissen gewillt, Preiserhöhungen von bis zu 40 % für die angebotenen Güter hinzunehmen[106]." Für die Inlandspreise war in Verbindung mit der Abwertung ein Preisstop erlassen worden, und demzufolge stieg der Index für einheimische Waren von August bis Dezember 1957 nur um 10 %, der der Lebenshaltungskosten um 2 %. Mitte 1958 waren die Preiswirkungen der Abwertung abgeschlossen, und es traten sogar Preisrückgänge ein[107].

III. Die schleichende Inflation 1958—1964

Mit dem Eintritt in die dritte Phase der Inflation stehen wir aufgrund der Zäsur von 1957 vor einer völlig neuen Ausgangssituation. Dabei ist weniger die Abwertung der Finnmark selbst der entscheidende Punkt, denn sie brachte ja nicht mehr als eine, wenn auch dringend notwendige, Stärkung der finnischen Exportwettbewerbsfähigkeit und unterscheidet sich darin nicht wesentlich von den früheren Abwertungen von 1945 und 1949. Entscheidend ist vielmehr die Tatsache,

---

[103] Vgl. B. Suviranta, Währungspolitik..., a.a.O., S. 139; A review of the economic development in Finland, in: KOP 1957, No. 4, S. 213.
[104] B. Suviranta, a.a.O., S. 140.
[105] Vgl. ibid., S. 142.
[106] Ibid., S. 143.
[107] Vgl. YB 1957, S. 34; YB 1958, S. 35—36; ES 1958, S. 9; ES 1959, S. 19.

daß mit dem gesamten Abwertungskonzept erstmalig eine Politik betrieben wurde, die wirtschaftlichen Erfordernissen Vorrang vor interessenbestimmten Gesichtspunkten zubilligte und die sich damit grundlegend von der bisherigen Politik unterscheidet. Als eine erste Konsequenz dieser neuen Politik gelang es, den Indexmechanismus aus dem Wirtschaftsleben zu verbannen. Damit war nicht nur *einer* der virulentfesten Infektiosnherde beseitigt, sondern auch *andere* Inflationsquellen verloren an Gefährlichkeit. Als zweites ermöglichte die Verwirklichung des Abwertungskonzeptes über die Liberalisierung des Außenhandels den konsequenten Abbau der Wirtschaftsreglementierung mit all ihren nachteiligen Begleiterscheinungen, womit eine weitere Quelle der Geldwertverschlechterung verschlossen werden konnte[1].

Den allmählichen Wandel der Auseinandersetzungen im politischen Bereich haben wir bereits erwähnt. Wir können daher bei dieser dritten Phase davon ausgehen, daß ein allgemeiner Verfassungskonsens, zumindest was die Verhaltensweisen angeht, vorhanden war. „Nach der Abwertung von 1957 muß man die Voraussetzungen in unserem Land (zur Bewältigung der ökonomisch-politischen Probleme) als ebenso gut oder ebenso schlecht wie im übrigen Westeuropa ansehen[2]." Dem steht nun die Tatsache gegenüber, daß die Indexbindung der Löhne Anfang 1964 wieder eingeführt worden ist, und wir können diesen Sachverhalt nur als den offenen Ausbruch einer Inflationsentwicklung werten, die lange Zeit hindurch im Verborgenen verlaufen ist. Daher ergeben sich aus der Untersuchung dieses Prozesses von der geschilderten Ausgangssituation bis zum erneuten, offenen Ausbruch die entscheidenden Ansatzpunkte für die Beantwortung unserer Frage nach dem Kampf gegen die Inflation in Finnland.

1. Stabilisation und Hochkonjunktur 1958—1961

„Economic development in 1958 was affected on the one hand by the process of adaption evoked by the devaluation and the extensive liberalisation of imports undertaken in September 1957, and on the other hand by the continuance of the decline in economic activity abroad[3]." Die sich nun immer stärker durchsetzende Rezession äußerte sich in einem Rückgang der Produktion, in unausgelasteten Produktionskapazitäten und vor allem in einer zunehmenden Arbeitslosigkeit. Jedoch schon wenige Monate später, etwa um die Jahresmitte, als die ersten Reaktionen auf die Abwertung abgeklungen und die Preissteigerungen

---

[1] Vgl. K. Lagus, Priser och löner åren 1958 och 1959, in: EU 1959: II, S. 56—70.
[2] G. Stjernschantz, „Vår inflation och andras", Hufvudstadsbladet vom 11. 7. 1964.
[3] YB 1958, S. 7.

nicht so stark wie befürchtet ausgefallen waren, zeichnete sich der Umschwung ab, dessen erste Vorboten auf dem Geldmarkt sichtbar wurden[4]. „Das wiedererweckte Vertrauen in den Wert der Mark zeigte sich unter anderen darin, daß die Einlagen zunahmen und die Indexklauseln (im Bankgeschäft) weitgehend abgeschafft wurden[5]." Diese neu gewonnene Sicherheit in Verbindung mit einer hohen Liquidität am Geldmarkt waren die ersten Anstöße für den nun einsetzenden Anstieg zur Hochkonjunktur, der mit einem spürbaren Nachfragezuwachs im Bau- und Konsumsektor konkrete Formen annahm. Zwar setzte etwa zur gleichen Zeit auch die Wiederbelebung der ausländischen Nachfrage nach finnischen Exportartikeln ein, aber dieser Umstand konnte sich bis zur Mitte 1958 noch nicht auf den Binnenmarkt ausgewirkt haben. Einerseits blieben nämlich die Exportpreise noch relativ unverändert und andererseits hatte diese Tendenz den üblichen Weg über eine Vergrößerung des Holzeinschlags, höhere Beschäftigung in der Holz- und Forstwirtschaft, steigende Einkommen und damit zunehmende Nachfrage noch nicht durchlaufen. Das Beschäftigungsproblem war vielmehr bis Mitte 1959 immer noch akut.

Tatsache jedoch ist, daß die Konsumnachfrage in der zweiten Jahreshälfte 1958 einsetzte und eine spürbare Veränderung der Konjunkturlage bewirkte. „In the third quarter the decrease in output slowed down more clearly in the consumer goods industry than in other spheres of industry, and in the last quarter the output of consumer goods was higher than in the corresponding quarter one year earlier[6]." Die nun beginnende Belebung des Groß- und Einzelhandels sowie der Lager- und Bauinvestitionen wurde durch Maßnahmen der Geld- und Finanzpolitik kräftig gefördert.

Während sich also auf wirtschaftlichem Gebiet eine günstige Entwicklung abzeichnete, geriet Finnland im Herbst 1958 plötzlich in eine außenpolitische Krise. Bei den Reichstagswahlen im Sommer waren die Kommunisten mit 50 Mandaten als stärkste Partei ins Parlament eingezogen. Diese Entwicklung beruhte fast ausschließlich auf der Spaltung der Sozialdemokratischen Partei, die auf dem Parteikongreß im April 1957, als der linke Flügel der Partei den Kongreß verließ, eingetreten war. Die Auseinandersetzungen zwischen der Minoritätsopposition und

---

[4] Vgl. V. Makkonen, The development of Finland's foreign trade after the devaluation, in: KOP 1958, No. 3, S. 111—113; YB 1958, S. 7; The economic situation, Unitas 1958, No. 4, S. 180; The economic situation, Unitas 1959, No. 1, S. 33; A review of the economic development in Finland, KOP 1958, No. 3, S. 138; MB 1959, No. 1, Recent Developments.
[5] K. Lagus, Priser och löner åren 1958 och 1959, a.a.O., S. 55.
[6] Vgl. YB 1958, S. 12; YB 1959, S. 7 und 11; ES 1959, S. 11; MB 1959, No. 10, Recent Developments; Die wirtschaftliche Lage, Unitas 1959, No. 3, S. 129 und 139.

der Mutterpartei hatte auch die Gewerkschaften erfaßt, und die Opposition behielt die Oberhand im SAK. In den Wahlen von 1958 erhielt sie über eigene Listen drei Mandate und wurde kurze Zeit später durch elf Abgeordnete der SDP verstärkt, Durch die Spaltung, die sich in der Folgezeit immer mehr verschärfte, verlor die Sozialdemokratische Partei nicht nur einen Teil ihrer Wählerschaft, sondern auch überproportional viele Mandate, denn die sog. ‚Maginalsitze', d. h., Sitze, die nach der Stimmauszählung noch nicht besetzt sind und dann den großen Parteien proportional zugeteilt werden, erhielt nun der SKDL. So bekamen die Kommunisten bei ca. 23 % der Wählerstimmen 25 % der Reichstagsmandate[7]. Gegen eine Beteiligung des SKDL an der Regierung opponierten jedoch alle übrigen Parteien, und nach zweimonatigen Koalitionsverhandlungen bildete der Sozialdemokrat Fagerholm schließlich ein Kabinett aus Vertretern aller Parteien, außer den Kommunisten. „The presence of conservatives in a government that included Social Democrats most unlikely to win a Kremlin popularity contest... was too much for Moscow...[8]." Die Sowjets begannen nun eine heftige Propagandakampagne gegen die „rechtsgerichtete-reaktionäre" Regierung Fagerholm und ließen schrittweise alle finnisch-sowjetischen Kontakte einfrieren. Ende November schließlich erfolgte dann der Abbruch der Handelsbeziehungen, und alle sowjetischen Zahlungen an Finnland wurden eingestellt. „Coming at a time of heavy seasonal unemployment amounting to about 5 per cent of the labor force, this was the straw that broke the camel's back[9]." Die Agrarier verließen die Koalition, und Fagerholm mußte zurücktreten. Nach langen Verhandlungen gelang schließlich Sukselainen im Januar 1958 die Bildung eines Kabinetts, das zwar nur aus Agrariern bestand, aber im Parlament die gleiche Unterstützung hatte wie die Regierung Fagerholm[10].

Der wirtschaftliche Aufschwung hielt auch 1959 weiter an, wobei wie bisher die Konsumnachfrage und die Bautätigkeit die stärksten Impulse gaben. Etwa in der Mitte des Jahres wirkte sich auch die Expansion des Exportvolumens auf den Binnenmarkt aus, und gleichzeitig verstärkte sich die Einfuhr. Daneben stimulierten auch die Staatsausgaben für Notstandsarbeiten die Nachfrage. Das Budget schloß zwar aufgrund der steigenden Steuereinnahmen mit einem Überschuß ab, das Wachstum der Haushaltsausgaben wurde jedoch nicht gebremst. Die bemerkenswerteste Veränderung ergab sich auf dem Geldmarkt.

---

[7] Vgl. A. Goodrich, A study..., a.a.O., S. 130—133; J. M. Jansson, Post-war elections in Finland, MB 1962, No. 4, S. 23—25; J. Nousiainen, Finlands..., a.a.O., S. 32—33.

[8] A. Goodrich, a.a.O., S. 140.

[9] A. Goodrich, a.a.O., S. 140—141.

[10] Vgl. A. Goodrich, a.a.O., S. 139—142.

Die indexgebundenen Spareinlagen sanken nämlich von 83,3 Mrd. mk auf 28,0 Mrd. mk, während die gesamten Einlagen in den Geldinstituten gegenüber 1958 um 20 % (87,3 Mrd. mk) zunahmen. Außerdem setzte die Bank von Finnland erstmalig nach 1951 wieder das Instrument der Zinspolitik ein, als sie die Kreditzinsen um ein halbes Prozent herabsetzte, um die Investitionstätigkeit weiter anzuregen. Insgesamt sank das effektive Zinsniveau am Geldmarkt zwischen Oktober 1958 und April 1959 um ca. 2 %, jedoch hatte dies keinen Effekt auf die Sparentwicklung[11]. „The willingness to save thus seems to depend in the first place upon the confidence in the value of money, rather than upon the prevailing interest rates[12]." Im Herbst war dann aber die Liquidität am Geldmarkt und die Kreditexpansion so stark geworden, daß sich die Bank genötigt sah einzugreifen. Sie ermahnte die Geschäftsbanken zu größerer Zurückhaltung bei der Kreditvergabe und verkündete im Dezember eine erneute Verschärfung der Rediskontbedingungen mit Wirkung vom Januar 1960[13].

Die Lohnentwicklung war seit 1958 sehr ruhig verlaufen, und die Indexklausel verschwand 1959 aus den Tarifverträgen. Im September machte sich bei der Preisentwicklung, nach einem Jahr der Stabilität, eine leichte Auftriebstendenz bemerkbar. Import-, Agrar- und Forstindustriepreise waren hier führend, und damit zeichnet sich hier der Übergang von der Aufschwungsphase, in der „der Markt Preiserhöhungen über das Maß der Kostensteigerung hinaus noch nicht zugelassen hatte"[14], zur eigentlichen Boomperiode ab, in der „die Marktlage den Unternehmern die Möglichkeit bot, sich den Nachfrageüberhang zunutze zu machen"[15].

1960 setzte sich die Hochkonjunktur mit unverminderter Kraft fort und erreichte einen vorläufigen Höhepunkt. Während in der ersten Jahreshälfte die Zunahme des Export- und Investitionsvolumens die wichtigsten produktionsfördernden Faktoren waren, trat in der zweiten Jahreshälfte der private Konsum stärker hervor. Vollbeschäftigung wurde erreicht, und die Gesamtnachfrage begann schneller zu steigen als die Gesamtproduktion. Hierzu trug vor allem der hohe Liquiditätsgrad innerhalb der Wirtschaft sowie die ständig zunehmende Expansion des Kreditvolumens bei[16]. Trotz der ständigen Ausdehnung

---

[11] Vgl. K. Lagus, Priser och löner 1959—1960, in: EU 1960, S. 57—69; YB 1959, S. 7, 11—15, 24—32; ES 1959, S. 9—12, 26, 59—64; MB 1959, No. 1, No. 3, No. 5, No. 10, Recent Developments.
[12] ES 1959, S. 12.
[13] YB 1959, S. 8—9, 21 und 34.
[14] A. Molander, Recent development of prices and wages, in: KOP 1963, No. 3, S. 113.
[15] Ibid., S. 113.
[16] Vgl. YB 1960, S. 7—9.

des Exports wurde die Handelsbilanz wieder passiv, da die Importnachfrage noch stärker zunahm; eine Erscheinung, die wir auch 1952 festgestellt haben (vgl. S. 47). „Die Erfahrung hat nämlich gezeigt, daß sich die Kaufkraft der Bevölkerung bei guten Konjunkturen so stark auf die Nachfrage für Importwaren konzentriert, daß eine Tendenz zur passiven Bilanz entsteht... Dieser schubweise Wechsel in der Handelsbilanz enthält gleichzeitig auch einen Impuls zum Umschlag im Konjunkturablauf[17]."

Als im Laufe des Jahres die Devisenreserven stark schrumpften, die Kreditvergabe der Geschäftsbanken aber unvermindert zunahm, versuchte die Bank von Finnland, die weitere monetäre Expansion durch verschärfte Rediskontbestimmungen zu bremsen. Gleichzeitig empfahl sie den Geldinstituten eine stärkere Differenzierung der Kreditzinsen, wobei der Export und Rationalisierungsprojekte der Binnenindustrie begünstigt werden sollten. Außerdem gab die Bank „Depositenzertifikate" an Banken und Kommunen aus, um so einen Ersatz für eine Offenmarktpolitik zu schaffen. Da auch der Staat weiterhin mit neuen Obligationen an den Geldmarkt herantrat, wandelte sich schließlich die Lage gegen Ende des Jahres, und die hohe Liquidität im Bankensektor wich einer Anspannung, so daß die Möglichkeiten der Kreditaufnahme geringer wurden. Dagegen gab die Lohn- und Preisentwicklung keinen Anlaß zur Beunruhigung. Die Tarifverhandlungen waren sehr schnell abgeschlossen worden, nachdem der SAK Richtlinien für die Kollektivverträge herausgegeben hatte und alle Einzelgewerkschaften, auch die nicht dem SAK angehörenden, diesen Empfehlungen gefolgt waren. Insgesamt erhöhte sich das Lohnniveau 1960 um ca. 7 %. Die Inlandspreise blieben ebenfalls relativ stabil, nur der Lebenshaltungskostenindex stieg um 3 %, nachdem die Agrarpreise und die Altbaumieten erhöht worden waren[18]. 1961 blieb dann die Wachstumsrate hinter der der Vorjahre zurück; 1960 hatte der Zuwachs des Bruttosozialproduktes noch 9 % betragen, 1961 dagegen 6 %. Der Rückgang der Wachstumsgeschwindigkeit lag einerseits in der Erreichung der Vollbeschäftigung, teilweise sogar der „Über-Vollbeschäftigung", und andererseits in dem Nachlassen der Auslandsnachfrage nach Holzprodukten begründet[19].

Die beherrschende Tendenz innerhalb des Wirtschaftslebens war der ständig wachsende Druck der Investitionsgüternachfrage. Gleichzeitig

---

[17] B. Suviranta, Währungspolitik..., a.a.O., S. 143—144; vgl. auch R. Bärlund, Finland's balance of payments, in 1960, MB 1961, No. 7, S. 18—21.
[18] Vgl. K. Waris, A retrospect of monetary development in Finland during 1960, MB 1961, No. 1, S. 18—20; YB 1960, S. 8, 10—15; ES 1960, S. 66—67; MB 1960, No. 9, No. 11—12, Recent Developments; Die wirtschaftliche Lage, Unitas 1960, No. 4, S. 209—216.
[19] Vgl. YB 1961, S. 7—8, 10—11; MB 1962, No. 1—2, Recent Developments.

expandierte auch die Konsumnachfrage als Folge der steigenden Löhne und Sozialausgaben; das disponible Einkommen der Haushalte vergrößerte sich gegenüber 1960 um ca. 10 %. Bei der Zunahme der Sozialausgaben warfen bereits die 1962 bevorstehenden Reichstags- und Präsidentschaftswahlen ihre Schatten voraus. Die steigende Konsumgüternachfrage, die sich immer mehr auf langlebige Konsumgüter verlagerte, löste ihrerseits weitere Investitionen und vor allem eine Vergrößerung des Importvolumens aus. Die Bank von Finnland versuchte, diese Zunahme der Gesamtnachfrage durch Kreditrestriktionen zu dämpfen, und schloß im April erneut ein Kassenreservenabkommen mit den Geldinstituten ab. Diesmal sollte der Teil des monatlichen Einlagenzuwachses, der den Zuwachs des gleichen Monats im Vorjahre um 80 % überstieg, für ein Jahr zinstragend bei der Zentralbank deponiert werden. Außerdem verteuerte die Bank den Rediskont, so daß der maximale Strafzins jetzt 4 % betrug[20].

Ende 1961 waren daher eine Reihe stabilisierender und destabilisierender Tendenzen zu verzeichnen. Preisstabilisierend wirkten vor allem die Importpreise, die gegenüber 1958 um 8 % gesunken waren, und außerdem das vergrößerte Importvolumen. Im Juli war das Finnland-EFTA-Abkommen geschlossen worden, nachdem es der Sowjetunion eine Meistbegünstigungsklausel zugestanden hatte. Diese Assoziierung Finnlands an die EFTA bedeutete eine erhebliche Verbesserung der Exportwettbewerbsfähigkeit des Landes, denn ca. 35 % der gesamten Ausfuhr geht in die Länder der Freihandelszone. Sie bedeutete aber gleichzeitig auch eine weitere Verschärfung der Konkurrenz im Inlande, denn die Lieferungen der EFTA-Länder machen ca. 34 % des finnischen Gesamtimports aus[21].

Der starke Nachfragedruck hatte sich zwar noch nicht wesentlich auf das Preisniveau ausgewirkt, und es war abzusehen, daß er teilweise durch zusätzliche Importe aufgefangen werden würde, aber gleichzeitig bedeutete er doch „ohne Zweifel eine gewisse Gefahr für das Preisniveau"[22]. Die Löhne waren erheblich mehr gestiegen als in den Tarifverträgen vorgesehen[23], und dieser Anstieg konnte nur teilweise durch Produktivitätsverbesserungen ausgeglichen werden. „Wage increases thus tended to exercise a slight upward pressure upon the price level[24]."

---

[20] H. Valvanne, The Bank of Finland in 1961, MB 1962, No. 1—2, S. 18—19; Ders., Public Finance in 1961, MB 1962, No. 8, S. 18; ES 1961, S. 58—60; MB 1961, No. 7, Recent Developments; Die wirtschaftliche Lage, Unitas 1962, No. 1, S. 41.
[21] Vgl. ES 1961, S. 14, 17 und 55; Die wirtschaftliche Lage, Unitas 1961, No. 4, S. 197—198.
[22] MB 1962, No. 1—2, Recent Developments.
[23] ES 1961, S. 55.
[24] ES 1961, S. 55.

Auch bei der Sparentwicklung deutete sich ein Wandel zum Negativen an. Während der ersten Hälfte des Jahres 1961 blieb die Zuwachsrate der Depositen mit ca. 10 % zwar noch unverändert hoch. „Die Hauptfaktoren, die die Spartätigkeit stimulierten, waren der allgemeine Anstieg des Einkommensniveaus und vor allem das relativ stabile Preisniveau, das das Vertrauen der Öffentlichkeit in den Bestand des Realwertes seiner Einlagen aufleben ließ[25]." Im letzten Quartal sank die Sparrate dann aber merklich ab, und damit nahmen die Liquiditätsschwierigkeiten der Geldinstitute, vor allem der Geschäftsbanken, zu[26]. Da — wie erwähnt — der Produktionszuwachs ebenfalls schwächer wurde und eine teilweise Verschlechterung der Exportkonjunktur eintrat, deuteten all diese Anzeichen darauf hin, daß der Boom, der seit 1959 ununterbrochen angehalten hatte, abklang.

In dieser Situation stand Finnland dann im Spätherbst unvermittelt in einer außenpolitischen Krise, als die Sowjetunion in einer Note unter Berufung auf den finnisch-sowjetischen Beistandsvertrag, Verhandlungen über gemeinsame Schritte zur Abwehr der „Bedrohung durch Deutschland" forderte. Obwohl dieser sowjetische Vorstoß von Finnland abgebogen werden konnte, löste er doch in der Bevölkerung eine erhebliche Unruhe aus, die sich in einem plötzlichen Anstieg der Handelsumsätze und Kurseinbrüchen an der Börse äußerte[27]. Präsident Kekkonen löste dann im November den Reichstag turnusgemäß auf und wies dabei darauf hin, daß — angesichts der außenpolitischen „Notlage" — nur eine Regierung mit breiter parlamentarischer Grundlage die Kontinuität der außenpolitischen Linie garantieren könne[28]. Damit war die Außenpolitik das beherrschende Thema des Wahlkampfes.

2. Offener Inflationsausbruch 1962—1964

Mit dem Beginn des Jahres 1962 traten nun politische Faktoren wieder stärker in den Vordergrund, nachdem es seit der Regierungskrise von 1958 nicht mehr zu einem Kabinettswechsel gekommen war. Zunächst brachten die Präsidentschaftswahlen im Februar einen überwältigenden Sieg für Präsident Kekkonen (199 von insgesamt 300 Elektorenstimmen), nachdem der von den Sozialdemokraten und der Rechten unterstützte Gegenkandidat Honka seine Kandidatur zurückzog, „als es offensichtlich wurde, daß die sowjetische Regierung seine Kandi-

---

[25] ES 1961, S. 60.
[26] Vgl. MB 1961, No. 11, Recent Developments; MB 1962, No. 5, Recent Developments; Die wirtschaftliche Lage, Unitas 1961, No. 4, S. 198—201.
[27] A review of the economic situation ..., KOP 1962, No. 2, S. 36; Die wirtschaftliche Lage, Unitas 1962, No. 1, S. 49.
[28] Vgl. o. V. „Finns det alternativ", Hufvudstadsbladet vom 27. 8. 1963.

datur als eine Bedrohung der guten finnisch-sowjetischen Beziehungen ansah"[29].

Aus den im gleichen Monat stattfindenden Reichstagswahlen gingen die Agrarier, im Zuge der Pro-Kekkonen-Stimmung, mit 53 Mandaten (1958 = 47 Mandate) als stärkste Partei hervor, während die Kommunisten 3 Sitze einbüßten. Eindeutiger Verlierer beider Wahlen war die Sozialdemokratische Partei, die seit 1958 in dem Odium der Koalitionsunfähigkeit stand[30] und bei der sich auch weiterhin die Absplitterung der Sozialdemokratischen Opposition auswirkte. Nach zweimonatigen Verhandlungen gelang schließlich Karjalainen die Bildung eines Koalitionskabinetts mit einer parlamentarischen Basis von 113 Stimmen, in dem als sog. Fachminister auch drei führende Mitglieder des SAK vertreten waren.

In den Konjunkturberichten über das Jahr 1962 erscheint erstmals seit 1958 wieder das Wort „Inflation", und zwar im Zusammenhang mit der Sparentwicklung. Während in den ersten fünf Monaten des Jahres die Depositenentwicklung noch verhältnismäßig gut war, wenn auch nicht mehr so gut wie in den Vorjahren, nahm die Sparrate in der zweiten Jahreshälfte kontinuierlich ab. „Die Ursachen für den Rückschlag sind zahlreich. Die wichtigste war jedoch vermutlich die Inflationspsychose, die die Preissteigerungen bei einigen Artikeln des täglichen Bedarfs hervorrief. Hinzu kam das weitverbreitete Mißtrauen gegenüber der bevorstehenden Währungsreform[31]." Die Lebenshaltungskosten stiegen 1962 um ca. 6 % und die Großhandelspreise, die 1961 noch unverändert geblieben waren, um 1,5 %. Die wichtigste Veränderung in dieser Preisgruppe war die Erhöhung der Importpreise um 3,6 % (1961 = 1,5 %)[32]. „Die Ursachen für den augenblicklichen Preisauftrieb sind vor allem auf der Kostenseite zu suchen. Der Kostendruck, der sich während der Hochkonjunktur aufgestaut hatte, erreichte schließlich auch das Preisniveau. Die Gefahr, daß eine solche Entwicklung eintritt, ist natürlich dann am größten, wenn die Konjunktur abbricht. Man kann hierbei jedoch nicht übersehen, daß auch die anhaltend hohe Konsumnachfrage zu Preiserhöhungen Anlaß gegeben hat[33]." Auf dem Arbeitsmarkt bahnte sich ebenfalls im Verlauf

---

[29] J. M. Jansson, Post-war elections ..., a.a.O., S. 22.

[30] Seit dem Sturz Fagerholms galt die SDP als belastender Faktor der finnisch-sowjetischen Freundschaft und als Gegner der außenpolitischen „Paasikivi-Kekkonen-Linie".

[31] Det ekonomiska läget, Unitas 1963, No. 1, S. 38; vgl. auch ibid., S. 35; MB 1963, No. 7, S. 18; T. Junnila, Tightening credit market, in: KOP 1962, No. 3, S. 105—106.

[32] Vgl. Det ekonomiska läget, Unitas 1963, No. 4, S. 35—36.

[33] Vgl. Det ekonomiska läget, Unitas 1963, No. 4, S. 37.

des Jahres ein Wandel an. Während die Beschäftigung allgemein noch weitgehend zufriedenstellend war, zeichnete sich in der zweiten Jahreshälfte jedoch schon eine größere Arbeitslosigkeit ab. Das Verdienstniveau stieg insgesamt um rund 6 %, aber die Lohnsituation war äußerst labil, da die 1960 geschlossenen Rahmentarifverträge 1962 ausliefen und zahlreiche Einzelabkommen gegen Ende des Jahres vorzeitig gekündigt wurden.

Die Abschwächung der Exportkonjunktur, die sich 1961 schon angekündigt hatte, verstärkte sich in der ersten Hälfte 1962 weiter, da infolge der umfangreichen Lagerkäufe in den Vorjahren und der zunehmenden Konkurrenz der Sowjetunion und Kanadas auf dem Weltmarkt die Nachfrage nach finnischen Holzwaren zurückging. Ähnlich war die Lage bei der Papierindustrie, jedoch trat hier gegen Ende des Jahres wieder eine Stabilisierung ein, nachdem die skandinavischen Länder Produktionsbeschränkungen auf diesem Gebiet eingeführt hatten. Nur in der Metallindustrie blieb die Exportlage unverändert günstig[34].

Die Inlandsnachfrage konzentrierte sich 1962, mehr noch als zuvor, auf Konsumgüter und auf den Wohnungsbau, so daß zeitweilig Versorgungsengpässe auftraten. Demzufolge stieg das Importvolumen weiterhin an, so daß die Zahlungsbilanz mit einem Defizit von insgesamt 3 Mrd. mk abschloß. Die Bank von Finnland behielt ihre restriktive Kreditpolitik konsequent bei und erhöhte im März, mit Zustimmung der Bankbevollmächtigten, den Diskont um $1^1/2$ %. Ehe jedoch die Geldinstitute die neuen Sätze anwenden konnten, „mußten die Bankbevollmächtigten... dem massiven politischen Druck aus dem Parlament nachgeben; daher war es unumgänglich dieses Vorhaben, das ohne Zweifel zu einer Lockerung der Anspannung am Kapitalmarkt beigetragen hätte, aufzugeben"[35]. Als die Bank dann versuchte, über die Erhöhung der Strafzinsen für Rediskonte sowie die Begrenzung des Rediskontvolumens die Kreditexpansion einzudämmen, wichen die Geschäftsbanken auf kurzfristige Auslandskredite aus, so daß die Bank schließlich auch hier Limits einführte und die Importfinanzierung einiger Konsumgüter verbot, um einem allzu starken Abbau der Devisenreserven vorzubeugen[36]. „Daß die Kreditbanken trotzdem weiterhin

---

[34] Vgl. L. Korpelainen, Finnish economy in 1962, MB 1963, No. 3, S. 18—23; K. Waris, A retrospective view of the past year, MB 1963, No. 1, S. 18—20; YB 1962, S. 7—8; MB 1963, No. 3, Recent Developments; Die wirtschaftliche Lage, Unitas 1962, No. 4, S. 230—232; Die wirtschaftliche Lage, Unitas 1963, No. 1, S. 37.

[35] K. Waris, a.a.O., S. 18; vgl. auch K. Lagus, Priser och löner 1960—1962, in: EU 1962: II, S. 70.

[36] Vgl. K. Waris, a.a.O., S. 18—20; MB 1962, No. 5, Recent Developments; Die wirtschaftliche Lage, Unitas 1963, No. 1, S. 44—46.

ihre Kredithergabe und damit auch ihre Rediskontschuld erhöhten, zeugt wohl davon, daß die Kreditbanken es als ihre Pflicht ansahen, den wachsenden Kreditbedarf der Wirtschaft zu decken... Alles in allem dürften die Banken im vergangenen Jahr rund 10 Mill. NFmk (= 1 Mrd. alte Mark) an Strafzinsen bezahlt haben, was sich auf ihre Rentabilität spürbar auswirkte[37]."

Am 1. Januar 1963 trat dann die Währungsreform mit den neuen Denomiationen (100 alte Mark = 1 neue Mark) in Kraft. Obwohl diese Maßnahme nur eine technische Veränderung darstellte, hatte ihre Ankündigung 1962 in der Bevölkerung reges Mißtrauen erregt, da man befürchtet hatte, daß in Verbindung mit dieser Reform auch Preissteigerungen auftreten würden[38]. Aus diesem Grunde erließ die Regierung mit Wirkung vom 1.1.1963 einen sechsmonatigen Preisstop für Konsumgüter. Da der Preisauftrieb aufgrund der Lohnentwicklung, der Ausgabenpolitik und der Importpreissteigerungen recht erheblich war, konnte der Preisstop erst im Spätherbst schrittweise aufgehoben werden[39]. Am Arbeitsmarkt herrschte zu Beginn des Jahres ein tarifloser Zustand, da die Zweijahresverträge Ende 1962 fast ausnahmslos gekündigt worden waren. Die Lohnverhandlungen wurden mit außerordentlicher Zähigkeit geführt, und erst der Abschluß eines Mustervertrages in der Metallindustrie brachte eine gewisse Entspannung, zumindest in der Industrie. Die Beamten- und Angestelltengewerkschaften machten jedoch weiterhin erhebliche Lohnforderungen geltend, und im März traten Postbeamte und Eisenbahner für einen Monat in den Ausstand. Dieser Streik hatte jedoch weniger ökonomische, als vielmehr politische Hintergründe, da er ein Teil der Auseinandersetzung zwischen den sozialdemokratisch geführten Gewerkschaften und dem von der sozialdemokratischen Opposition beherrschten SAK war. Der Arbeitskonflikt wurde schließlich mit einer sechsprozentigen Lohnerhöhung beendet, und als Folge dieser Mehrbelastung geriet der Staatshaushalt, der ohnehin durch die hohen Notstandsausgaben stark belastet war, wieder in eine Kassenkrise. Als die Regierung dann das Defizit über die Erhöhung verschiedener indirekter Steuern und die Senkung von Subventionen zu verringern suchte, verstärkten sich die vorhandenen Preisauftriebstendenzen. Die Lebenshaltungskosten er-

---

[37] Det ekonomiska läget, Unitas 1963, No. 1, S. 41.

[38] „People were suspicious, smelt something peculiar behind this purely technical measure which was to do neither one thing nor the other to the value of money." (T. Junnila, The market situation and the imbalance of the money market, in: KOP 1963, No. 1, S. 9).

[39] Vgl. H. Valvanne, The monetary reform of 1963, MB 1962, No. 4, S. 22—27; MB 1963, No. 1, Recent Developments; MB 1964, No. 5, Recent Developments.

höhten sich 1963 um 5,4 % (Subindex Lebensmittel = 6,4 %), und die Großhandelspreise stiegen um 7,8 %[40].

Der Einfluß des Staatshaushaltes auf die Preisentwicklung blieb aber nicht auf die Preis- und Tariferhöhungen beschränkt, sondern gleichzeitig entschloß sich die Regierung zu einer 20prozentigen Steigerung der Einkommenstransfers sowie einer 16prozentigen Steigerung der öffentlichen Investitionsausgaben (größtenteils zum Zwecke der Arbeitsbeschaffung). Das Budget wies dann Ende 1963 ein Defizit von über 3 Mrd. mk auf, das mit kurzfristigen Krediten gedeckt wurde, während außerdem an langfristigen Krediten nochmals 3,5 Mrd. mk über Obligationsverkäufe aufgenommen wurden[41].

Das hatte natürlich wieder Rückwirkungen auf den Geldmarkt, der ohnehin durch die nachlassende Spartätigkeit schon sehr angespannt war. „Trotz der anhaltend hohen Einkommensbildung und trotz des steigenden Verdienstniveaus, war das Interesse für das Banksparen minimal. Eine der wichtigsten Ursachen hierfür war zweifellos der Anstieg des Preisniveaus und die Furcht vor weiteren Inflationstendenzen. Die Bevölkerung zog es unter diesen Verhältnissen vor, ihre Einkünfte für den Konsum zu verwenden oder in Realwerten anzulegen, anstatt sie auf die Banken zu bringen[42]."

Im August zerbrach dann die Regierung Karjalainen an der Frage der Agrarpreise. Die jährliche Adjustierung der landwirtschaftlichen Einkommen hätte nämlich, da eine Preissubventionierung über das Budget wegen der angespannten Haushaltslage nicht möglich war, eine sofortige Erhöhung der Konsumentenpreise bedeutet. Dagegen aber wandten sich die drei SAK-Minister und traten aus der Regierung aus. Anfang November war es dann gelungen, eine neue Koalitionsregierung, ebenfalls unter Führung von Karjalainen, zu bilden, die jedoch bereits am 17. Dezember an der Frage der Sanierung des Staatshaushaltes auseinanderbrach. Einen Tag später übernahm eine Beamtenregierung die Regierungsgeschäfte[43]. Als dann gegen Ende des

---

[40] H. Vartiainen, The Finnish economy in 1963, MB 1964, No. 4, S. 22—23; Die wirtschaftliche Lage, Unitas 1963, No. 1, S. 34; Unitas 1963, No. 2, S. 100 —102; Unitas 1964, No. 1, S. 47—50; o. V., „Finnlands Konjunkturhimmel nicht wolkenlos", Handelsblatt vom 10./11. Juli 1964.

[41] Vgl. H. Vartiainen, Finnish economy ..., a.a.O., S. 21—23; Ders., Public finance in 1963, MB 1964, No. 9, S. 18—23.

[42] Det ekonomiska läget, Unitas 1964, No. 1, S. 51; vgl. auch K. Waris, Last year in retrospect, MB 1964, No. 1, S. 18—20; MB 1963, No. 5, No. 10, Recent Developments.

[43] Vgl. „Förbrukad?", Hufvudstadsbladet vom 25. 8. 63; MB 1963, No. 12, Items; MB 1964, No. 1, Items; Vgl. „Kansanpuolueet hylkäsivät ohjelman", Uusi Suomi vom 18. 12. 1963; vgl. „Virkamieshallitus tarttui ohjaksiin", Helsingin Sanomat vom 19. 12. 1963.

Jahres die Tarifverhandlungen für 1964 aufgenommen wurden, standen sie unter dem Eindruck des starken Preisauftriebs und der politischen Konflikte. Nachdem die Verhandlungen zunächst scheiterten, gelang es erst durch die Vermittlung eines staatlichen Schlichters, einen zweijährigen Rahmenvertrag zu entwerfen, der, neben einer 6prozentigen Lohnerhöhung für 1964 und einer 3,5prozentigen Steigerung für 1965, die Wiedereinführung der Indexklausel vorsah. Damit war der Indexautomat der fünfziger Jahre wiedererstanden, und es lag auf der Hand, daß er unverzüglich zu rotieren beginnen würde, da für Januar 1964 die Umstellung des Steuersystems von der Umsatz- auf die Mehrwertsteuer vorgesehen war[44].

Im Januar 1964 trat dann die neue Mehrwertsteuer in Kraft, die auf zwei Ebenen — Großhandel, inklusive Hersteller, und Einzelhandel — mit 10 % des Wertzuwachses erhoben wird. Da hiervon vor allem Konsumgüter betroffen sind, die vorher entweder steuerfrei oder mit 20 % Umsatzsteuer belegt waren, ergaben sich aus der Änderung des Besteuerungssystems beträchtliche Preisveränderungen, die eine 3prozentige Erhöhung der Lebenshaltungskosten nach sich zogen[45]. „Da die Löhne erneut an den (Lebenshaltungskosten-) Index gebunden worden waren und das Einkommensniveau der Landwirtschaft gemäß geltender Gesetzgebung an das allgemeine Einkommensniveau gekoppelt war, wurde dadurch ein regelrechtes Preis-Lohnkarussell in Bewegung gesetzt[46]." Insgesamt stieg das Lohnniveau 1964 um ca. 12 %, während der Gesamtanstieg der Lebenshaltungskosten ca. 10 % betrug. Die Regierung versuchte, den Preisauftrieb durch einen erneuten Preisstop aufzuhalten, aber das gelang wegen der gleichzeitig mitsteigenden Löhne nur unvollkommen[47].

Die Auswirkungen der Lohn- und Preissteigerungen wurden jedoch etwas gemildert durch die lebhafte Konjunkturentwicklung, die sich im Laufe des Jahres der Entwicklung in Westeuropa folgend in Finnland durchgesetzt hatte. Vor allem Industrieinvestitionen und der Export von Holz- und Papierprodukten sorgten für eine kräftige Zunahme der Gesamtnachfrage. Wenn der Konjunkturaufschwung auch noch nicht in allen Wirtschaftsbereichen gleichmäßig stark war, scheint doch das Tief, das sich Ende 1961 abzeichnete, überwunden. Im Zuge dieser Entwicklung wurde die Geldmarktlage wieder kritischer, da der Kreditbedarf der Wirtschaft rasch wuchs, während die Spartätigkeit ungeachtet der Einkommenssteigerungen noch weitgehend von der Infla-

---

[44] Vgl. MB 1964, No. 3, Recent Developments.
[45] Vgl. MB 1964, No. 1, No. 5, Recent Developments.
[46] Det ekonomiska läget, Unitas 1965, No. 1, S. 41.
[47] MB 1965, No. 2, Recent Developments.

tionswelle gehemmt wurde. Bemerkenswert war hier die Zunahme der 100prozentig indexgebundenen Sparkonten um 111 Mrd. mk[48].

Damit befand sich Finnland an der Jahreswende 1964/65 wieder in dem gleichen Dilemma wie in den fünfziger Jahren. Wenn wir nun den entscheidenden Zeitabschnitt der Entwicklung seit 1958, nämlich das Jahr 1961, auf Ursachen für den erneuten Inflationsausbruch hin prüfen, so stellen wir fest, daß im Verlaufe dieses Jahres zwar eine ganze Reihe von Krisenzeichen sichtbar wurden, die einen Konjunkturumschwung andeuteten, daß dies aber keineswegs ausreichend war für eine neuerliche Inflation. Dagegen spricht die Koinzidenz von Preisauftrieb und politischer Krisenlage dafür, daß es im wesentlichen politische Faktoren waren, die in dieser Phase des Konjunkturumbruches den Ausschlag für eine inflationistische Entwicklung gegeben haben.

Bei näherer Betrachtung lassen sich dann eine ganze Reihe von Indizien aufzählen, die diese Ansicht unterstützen. Einmal amtierte in der Zeit von 1958 bis 1962 eine Minderheitsregierung (Sukselainen), deren parlamentarische Position mit einer Hausmacht von nur 47 Stimmen so schwach war, daß sie keine durchgreifende Reform der Wirtschaftspolitik und des Staatshaushaltes wagen konnte. Daher blieb das Budget weiterhin als potentielle Inflationsquelle bestehen. Wenn auch die parlamentarische Tolerierungsmehrheit der Regierung wesentlich breiter war (113 Stimmen), so war bei der Heterogenität der wirtschaftspolitischen Zielsetzungen der regierungsfreundlichen Parteien in dieser Frage keine Einstimmigkeit zu erzielen. Zum zweiten mußte sich die Bank von Finnland 1962 erneut dem politischen Druck, vor allem der Agrarier und der Linken, beugen und auf die Anwendung der Diskontpolitik verzichten. Die Diskontsenkung war eine der Vorbedingungen für die Bildung der Regierung Karjalainen gewesen. Drittens störte die Rivalität zwischen den beiden sozialdemokratischen Gewerkschaftsgruppen den bis Ende 1962 herrschenden Lohnfrieden (Eisenbahnerstreik vom März 1963). Viertens verschärfte der Austritt der drei SAK-Minister aus dem Kabinett und die nachfolgende Regierungskrise den Gegensatz zwischen Arbeitnehmer und Regierung. Unter solchen Umständen ist es erklärlich, daß sich der Konjunkturrückschlag voll auswirken konnte, da sich der Kostendruck aus den Jahren 1960/61 nun mit „der Furcht und der Unsicherheit über die Erhaltung des Geldwertes, die sich in der Öffentlichkeit ausgebreitet zu haben schien"[49], verband.

---

[48] Vgl. MB 1964, No. 12, Recent Developments; Det ekonomiska läget, Unitas 1965, No. 1, S. 44—47.
[49] T. Junnila, Tightening..., a.a.O., S. 105.

III. Die schleichende Inflation 1958—1964

Wenn wir nun die gesamte Inflationsepoche von 1939 bis 1964 überschauend unsere bisherigen Eindrücke zusammenfassen, dann können wir mit Berechtigung sagen, daß wirtschaftliche, politische und auch psychologische Umstände die Atmosphäre geschaffen haben, in der die Inflation sich entwickeln konnte, wiewohl gleichzeitig die fortschreitende Geldentwertung die sie tragende Atmosphäre immer wieder von neuem erzeugt hat. Außerdem haben wir festgestellt, daß die unmittelbaren Inflationsanstöße aus einer Reihe verschiedener Quellen kamen, die in ihrer eruptiven Stärke zwar variierten, aber dennoch ununterbrochen aktiv waren. Daher erscheint es nicht gerechtfertigt, einzelne Phasen des Inflationsverlaufes mit dem Etikett einer dieser Quellen zu versehen, denn hier trifft viel eher das Bild eines Wellenbündels zu, in dem die Interferenzen je nach den Außenbedingungen mal die eine, mal die andere Frequenz dominieren lassen. Erst wenn wir diesen Zusammenhang stets berücksichtigen, läßt sich die Analyse der einzelnen Inflationsquellen, ihrer institutionellen Voraussetzungen und ihrer Funktionsweisen sinnvoll in die Gesamtuntersuchung einreihen.

Zweites Kapitel

Die Inflationsträger

I. Das Budget

Im Rahmen einer Politik gegen die Inflation kommt dem Staatshaushalt quasi „ex officio" eine ganz besondere Bedeutung zu, denn sowohl die Art der Mittelbeschaffung, wieviel und von wem Steuern, Gebühren und Zölle erhoben werden, als auch die Verwendung der Budgetmittel entscheidet darüber, ob der Staat während einer Inflation der Bevölkerung die Notwendigkeit der Rückkehr zu einem gesunden Geldwertvertrauen glaubhaft nahebringen kann.

Dies liegt einerseits im Umfang des Staatshaushaltes begründet, der ja als größter und bedeutendster, von einer zentralen Willensbildung gelenkter Einflußfaktor innerhalb der Volkswirtschaft wirksam wird und damit als solcher bereits eine „physische" Machtgröße darstellt. Es liegt aber andrerseits auch daran, daß finanzpolitische Entscheidungen durch die Autorität der Staatsgewalt, mit der sie von der Bevölkerung in Verbindung gebracht werden, eine viel weitreichendere Wirkung haben, als die rein monetären Effekte der Finanzpolitik auszulösen imstande wären. Daraus resultiert nun für den Staat eine zweifache Verpflichtung zur Wahrung der Geldwertstabilität, nämlich einmal die, die sich aus seiner politischen Verantwortung als Inhaber der höchsten Autorität und Macht herleitet, und zum anderen diejenige, die ihm aus der Konzentration von wirtschaftlichem Besitz in seiner Hand erwächst. Beide Aspekte begründen durchaus unterschiedliche Postulate für die Haushaltspolitik; so etwa obliegt es dem Staat als politischer Autorität, Gerechtigkeit in der Besteuerung und Einkommensverteilung anzustreben, dagegen ist der Staat als das größte „Unternehmen" in der Volkswirtschaft zu besonderer Sparsamkeit und Wirtschaftlichkeit angehalten.

Aus diesem Blickwinkel wollen wir das Budget betrachten; allerdings beschränken wir uns hier auf den Haushalt der Zentralregierung.

I. Das Budget

1. Das Budgetvolumen

Das Volumen der Staatsausgaben nahm in den Jahren 1938 bis 1963 von 5,4 Mrd. mk auf 515,8 Mrd. mk, also um das Hundertfache, zu. Das entspricht einer jährlichen Zuwachsrate von ca. 40 % innerhalb von 25 Jahren. Der Anteil des Haushaltes am Bruttosozialprodukt, der 1938 noch bei 14 % lag, stieg in den Kriegsjahren bis auf ca. 35 % an und betrug in den Nachkriegsjahren durchschnittlich 25 % (vgl. Tabelle V). Damit liegt allein in dem Umfang des Staatshaushaltes, unabhängig davon, ob er ausgeglichen ist oder welche speziellen Wirkungen finanzpolitische Maßnahmen haben, schon ein Element der Geldwertgefährdung[1].

Tabelle V

Die Entwicklung des Bruttosozialprodukts (a) der Haushaltsausgaben (b) und der Sozialausgaben (c) in Mrd. mk.

Jahr	(a) Bruttosozialprodukt	(b) Budgetausgaben	(b) in % von (a)	(c) Sozialausgaben	(c) in % von (b)
1938	36,3	5,4	14,8	0,15	0,4
1948	395,7	104,6	26,4	9,4	8,6
1949	425,0	132,8	31,0	21,9	18,0
1950	536,3	143,3	26,9	25,1	18,6
1951	785,0	207,0	27,0	34,4	18,2
1952	803,9	204,2	25,5	43,0	20,4
1953	815,3	221,1	27,1	51,6	25,4
1954	891,3	213,6	24,0	50,8	23,7
1955	986,3	243,0	24,5	52,9	22,4
1956	1112,6	278,6	25,0	57,6	21,4
1957	1202,0	300,6	25,0	65,4	22,4
1958	1280,0	333,1	26,0	63,2	20,1
1959	1359,8	354,7	26,0	62,7	19,0
1960	1543,4	399,8	25,9	63,2	18,0
1961	1718,1	446,5	25,4	..	..
1962	1849,5	496,6	21,3	..	..
1963	2018,7	515,8	25,5	..	..

Quellen:
(a) Unitas — Statistischer Teil.
(b) ES 1950—1963, Abschnitt: Public finance.
(c) ES 1950—1961, Abschnitt: Public finance.

Gleich nach Kriegsende hatte man erwartet, daß nach dem Wegfall der Verteidigungsausgaben, die 1944 noch über die Hälfte des Budgets ausmachten, eine bedeutende Verringerung der Ausgaben möglich sein würde[2]. In einer detaillierten Studie legte die Bank von Finnland dem

---

[1] Vgl. G. Schmölders, Geldpolitik, a.a.O., S. 96 und S. 263—264.
[2] Vgl. YB 1943—45, S. 15.

Reichstag ein Programm vor, das genaue Vorschläge für den Abbau des Haushaltsvolumens und die Rückkehr zu einer gesunden Finanzwirtschaft enthielt und das gleichzeitig eine deutliche Warnung vor einer allzu expansiven Haushaltspolitik aussprach[3]. Jedoch die Entwicklung verlief anders und „die Hoffnung auf eine Verringerung der Haushaltsausgaben und auf einen Ausgleich der Staatsfinanzen ohne Rückgriff auf Steuererhöhungen wurden enttäuscht"[4]. Den weitaus größten Teil der Ausgaben nahmen in den ersten Nachkriegsjahren die Aufgaben im Rahmen der finanziellen Liquidation des Krieges ein; „mehr als die Hälfte des Budgets wurde für Zwecke in Anspruch genommen, die im Vorkriegsfinnland unbekannt waren"[5]. Die zweite große Ausgabenkategorie, die allerdings erst später mehr an Gewicht erhielt, waren die Sozialausgaben; „diese Wohlfahrtsausgaben... machen mehr als 40 % des gesamten Staatshaushaltes aus..."[6].

Von den erwähnten Nachkriegsaufgaben stellten die Reparationen an die Sowjetunion die schwerste Belastung sowohl des Staatshaushaltes wie auch der finnischen Wirtschaft überhaupt dar, und zwar nicht nur wegen der Höhe der sowjetischen Forderungen, sondern auch, weil sie einen tiefgreifenden Strukturwandel innerhalb der Wirtschaft erzwangen. Die Dollar-Gutschriften, die Finnland für gelieferte Waren erhielt, entsprachen den Weltmarktpreisen von 1938, wobei die Sowjetunion einen Aufschlag von 10—15 % konzidiert hatte. „Auch in dieser Höhe deckten die Preise nicht die Erhöhungen, die in den Weltmarktpreisen bis 1944 eingetreten waren, und für später eintretende Preissteigerungen war überhaupt kein Ausgleich vorgesehen. Andererseits jedoch war Finnland gezwungen, die für die Kriegsentschädigungsproduktion benötigten Rohmaterialien und sonstige Bedarfsartikel zu Tagespreisen auf dem Weltmarkt zu kaufen. Die Qualitätsspezifikationen waren im allgemeinen äußerst genau und wurden auf das strengste befolgt. Diese Umstände müssen beachtet werden, wenn man sich ein Bild von der Bürde machen will, welche die Kriegsentschädigungen der finnischen Wirtschaft auferlegte"[7]. Außerdem waren die Lieferzeiten genau festgelegt, und bei Nichteinhaltung der Termine drohte eine Strafe von 5 % der ausstehenden Summe pro Monat. Außer den eigentlichen Reparationen mußte Finnland die Sowjetunion auch noch für alles aus den im Waffenstillstandsvertrag abgetretenen Gebieten fortgeführte Eigentum entschädigen und alle deutschen Guthaben sowie sonstiges deutsches Eigentum ausliefern.

---

[3] Vgl. o. V., Till Riksdagens Bankfullmäktige, a.a.O.
[4] YB 1943—45, S. 17, vgl. auch YB 1946, S. 13.
[5] F. Valros, Finland efter..., a.a.O., S. 38.
[6] A. Goodrich, A study..., a.a.O., S. 116.
[7] A. Karjalainen, Holz- und Volkswirtschaft, a.a.O., S. 24.

I. Das Budget

Die praktische Durchführung der Reparationen war einer mit besonderen Vollmachten ausgestatteten staatlichen Kommission, der Soteva, übertragen, und die Finanzierung erfolgte über das Budget. Neben den eigentlichen Zahlungen für Warenlieferungen vergab die Regierung noch zusätzlich großzügige Kredite für Investitionen innerhalb der Export- und insbesondere der Reparationsindustrie. Die hierdurch entstandene Belastung des Staatshaushaltes läßt sich nur annähernd berechnen, aber die inflatorische Wirkung der Staatsausgaben für die Reparationsproduktion läßt sich nicht leugnen[8]. „Purchasing power is being pumped out to the public in three ... ways, which have the common feature that the increase of money income does not automatically lead to any corresponding growth of the supply of consumption goods. This pumping takes place through exports, investments and State expenditure and in all three cases the situation bears a strong imprint of the Finnish war reparation engagement[9]." Die tatsächlichen Kosten der Reparationen schätzt Suviranta auf 540 Mill. Dollar; hierbei sind aber Sonderkosten (z. B. zinslose Staatskredite) nicht mitgerechnet[10]. Das Finanzministerium gibt den Gesamtwert der Lieferungen zu Preisen von 1952 mit 165,1 Mrd. mk an; dazu kommen allerdings noch rund 35 Mrd. mk für andere Schadensersatzansprüche der Sowjetunion und für den Transfer deutschen Eigentums an die Sowjets. (Vgl. Tabelle VI.) „Insgesamt betrugen die Staatsausgaben aufgrund der im Friedensvertrag bestimmten Verpflichtungen nach heutigen Preisen (1952) ungefähr 200 Mrd. mk[11]." Neben der Expansion des Budgets waren weitere Folgen der Reparationen,

1. daß der Anstieg des Preisniveaus nicht nur nicht gebremst, sondern sogar noch beschleunigt wurde[12],

2. daß die Regelementierung der Volkswirtschaft bestehen blieb[13], und

3. daß die Regierung sich den Gewerkschaften gegenüber nicht ausreichend behauptete, denn sie konnte „ausgedehnte Streiks nicht riskieren, weil sie eine Beeinträchtigung der pünktlichen Erfüllung des Reparationsprogramms, mit unvorhersehbaren politischen Konsequenzen, befürchten mußte"[14].

---

[8] Vgl. A. Karjalainen, a.a.O., S. 25.
[9] C. E. Knoellinger, Supply of capital and financial policy, in: Unitas 1946, No. 1, S. 31.
[10] Vgl. B. Suviranta, The completion of Finland's war indemnities, in: Unitas 1952, No. 3.
[11] EÖ 1952, S. 33.
[12] Vgl. Unitas 1945, No. 2, S. 29.
[13] Vgl. K. Waris, Den reglementerade ..., a.a.O., S. 3 f.
[14] B. Suviranta, Wage-inflation in post-war Finland, in: Inflation-Proceedings of a conference held by the Internat. Economic Association, London 1962, S. 249.

Tabelle VI

Die Haushaltsausgaben zur Erstellung der Reparationen

Die Reparationsausgaben:

Jahr	in Mrd. mk	in % des Nettosozialprodukts	in % der Budgetausgaben	zu Preisen von 1952 in Mrd. mk
1944	0,3	0,4	0,7	1,8
1945	6,9	7,0	16,2	28,2
1946	9,7	6,2	9,7	26,2
1947	12,3	5,5	14,0	27,3
1948	15,5	5,1	14,9	24,5
1949	13,5	4,2	10,1	21,6
1950	9,0	2,2	6,3	12,3
1951	14,8	2,4	7,2	14,4
1952	8,8	1,5	4,7	8,8
	90,8			165,1

Quelle: ES 1952, S. 33.

Der zweite Faktor, der die Expansion der Staatsausgaben so rasch vorantrieb, war die Finanzierung des Kolonialisationsprogramms. Über die Kosten dieses Projekts gibt es unterschiedliche Angaben; Pipping beziffert die reinen Budgetausgaben mit 88 Mrd. mk (zu Preisen von 1952)[15]. Um die Mittel für die Kolonialisation bereitzustellen, war zwar eine besondere Vermögensüberführungssteuer erhoben worden, die aber die Ausgaben bei weitem nicht decken konnte[16]. Auch dieses Projekt verursachte, neben der augenfälligen Wirkung auf den Haushalt, eine Reihe von weiteren Schwierigkeiten, von denen zwei die Nachkriegsentwicklung besonders ungünstig beeinflußten. Einerseits wurde im Zuge dieser weitgehend politisch motivierten[17] Ansiedlung der Vertriebenen und Kriegsgeschädigten in der Landwirtschaft die Aufteilung der landwirtschaftlichen Nutzfläche so weit getrieben, daß vielfach Höfe entstanden, die nicht mehr wirtschaftlich arbeiten konnten[18]. „Auf die Struktur der finnischen Landwirtschaft hat sich das so ausgewirkt, daß die durchschnittliche Größe der bebauten Fläche eines landwirtschaftlichen Betriebes von 10,6 ha im Jahre 1941 auf 8,6 ha im Jahre 1950 heruntergegangen ist[19]." Da Finnland stets ein Land der Kleinbauern war — ca. 70 % der bebauten Fläche entfiel auf Betriebe unter

---

[15] Vgl. H. E. Pipping, Finlands näringsliv..., a.a.O., S. 48; V. Vennamo, „Agricultural reform and resettlement problems", The Statist, August 1955 (170 Mrd. mk); F. Valros, a.a.O., S. 42 (60 Mrd. mk).
[16] Vgl. H. E. Pipping, a.a.O., S. 47.
[17] C. E. Knoellinger, Labor..., a.a.O., S. 24.
[18] Vgl. F. Valros, a.a.O., S. 41.
[19] A. Karjalainen, a.a.O., S. 26.

25 ha — wurde die Unwirtschaftlichkeit der neuen Betriebe sogar zu einem politischen Problem[20], denn als das Kolonialisationsprogramm 1950 praktisch abgeschlossen war, hatte sich der Anteil der Betriebe unter 25 ha auf 95,6 % der bebauten Fläche erhöht[21]. Die Unzulänglichkeit der Existenzgrundlage, deren Schaffung den Staatshaushalt bereits 88 Mrd. mk gekostet hatte, belastete das Budget auch in den folgenden Jahren, da man nun versuchte, die Rentabilität der Betriebe durch Prämien und Subventionen zu verbessern und da die betroffenen Bauern bei nicht ausreichendem Einkommen staatliche Arbeitslosenunterstützung erhielten. „The economic problem of the smallholdings with its political ramifications created by the resettlement would be with the Finns for years to come and indeed constitutes today one of the most serious problems in the country[22]."

Andererseits wurden die Flüchtlinge für ihre Verluste mit Obligationen, die zu 100 % an den Lebenshaltungskostenindex gebunden waren, entschädigt; hierin liegt eine der Wurzeln des späteren Indexautomaten. Angesichts der Indexinflation sowie der mehrfachen Kassenkrisen des Staates war die Warnung der Zentralbank vor der Ausgabe indexgebundener Obligationen aus dem Jahre 1945 nur zu berechtigt:

„Eine weitergehende Anwendung der Indexklausel würde den Staat sehr leicht dem Risiko von Verlusten aussetzen und könnte ihn bei den gegebenen, schwierigen Verhältnissen innerhalb kurzer Zeit in den Konkurs treiben"[23].

Gleichzeitig mit der Reparationsproduktion und der Kolonialisation ging der Wiederaufbau vor sich, wobei neben industriellen Investitionen der Wohnungsbau von besonderer Dringlichkeit war, und der Staat griff hier mit niedrig verzinslichen Krediten, sog. Arava-Krediten, ein. Die Wohnungsbauinvestitionen machten durchschnittlich ein Drittel der jährlichen Gesamtinvestitionen aus, jedoch war der Bedarf so hoch, daß auch auf dem Wohnungsmarkt eine Bewirtschaftung eingeführt werden mußte. „Diese Tatsache in Verbindung mit einer Knappheit an Kapital hat es für private Unternehmungen wenig verlockend gemacht, sich an dem Wohnungsbau zu beteiligen... Auch läßt sich nicht leugnen, daß die Wohnungsproduktion... in einigen Nachkriegsjahren inflationistischen Wirkungen durch eine Störung des Gleichgewichts zwischen Nachfrage und Angebot und durch ein Erschweren der Erhaltung einer stabilen Währung ausgeübt hat[24]."

---

[20] Vgl. F. Valros, a.a.O., S. 42.
[21] Vgl. F. Valros, a.a.O., S. 45.
[22] A. Goodrich, a.a.O., S. 96; vgl. auch A. Mäki, The trend of development in agriculture and the stabilisation of agricultural income, in: KOP 1956, No. 2, S. 68.
[23] o. V., Till Riksdagens Bankfullmäktige, a.a.O., S. 13.
[24] A. Karjalainen, a.a.O., S. 27 und S. 28.

Neben den Ausgaben zur Überwindung der Kriegsfolgen hat dann der rapide Anstieg der Sozialausgaben das kontinuierliche Wachstum des Budgets ebenfalls mitbestimmt. In Übereinstimmung mit der Entwicklung in den meisten Ländern der westlichen Welt hat sich auch in Finnland nach dem Kriege der Trend zum Wohlfahrtsstaat durchgesetzt. Der Ausgabentitel „Soziale Wohlfahrt", der 1938 einen Beitrag von nur 0,15 Mrd. mk (= 0,4 % der Gesamtausgaben) auswies, erreichte 1953 einen bisherigen Höchststand mit 25,4 % der Gesamtausgaben; der Durchschnitt lag in den Jahren 1949 bis 1960 bei ca. 20 %[25]. Die wichtigsten Ausgabengruppen dieses Titels sind: das 1949 eingeführte Kindergeld, die Kriegsgeschädigtenversorgung und die Arava-Kredite[26].

„Many of the social welfare programmes of the post war period have developed in a piecemeal fashion, and lack any comprehensive long-term planning or coordination of conflicting aspects. Parliament has yielded to the pressure of different circles, and has accepted new programmes for the expansion of social welfare services without any long-term order of urgency"[27].

Selbst wenn man die Notwendigkeit staatlichen Eingreifens auf dem Gebiet der sozialen Wohlfahrt bejaht, so müssen wir auf Finnland bezogen diese Ausgaben doch immer auf dem Hintergrund der herrschenden Kapitalknappheit, der parteipolitischen Motivationen und ihrer nachteiligen Folgen für die Stabilisierung des Geldwertes sehen. Unter diesem Gesichtswinkel wäre eine Verwendung des Kapitals zu produktiven Investitionen sicherlich positiver zu beurteilen.

„The size of state expenditure appears to have grown too large for a country the size of Finland to support from a purely economic point of view. However, due to the socio-political implications of the welfare state program, there are few politicians in the country willing to stand up and call for a cut-back. The Finnish welfare state is an established fact"[28].

2. Die Wirkungen der Ausgabenpolitik

Wie bereits erwähnt, kommt der Ausgabenpolitik des Staates im Kampf gegen die Inflation eine besondere Bedeutung zu, und zwar können die Budgetausgaben in zweifacher Weise zur Stabilisierung der Währung beitragen. Einmal können Ausgaben zur Verbesserung der Produktionsstruktur und Vergrößerung des Warenangebots das Klima für eine Geldwertstabilisierung günstig beeinflussen. Zum anderen kann die Sparsamkeit in der Ausgabenpolitik ein bedeutsames Stimulans zur Festigung des Geldwertvertrauens sein, da der Staat dann die anderen Wirtschaftsgruppen zu einem ebenso sparsamen und zurückhaltenden Gebaren ermahnen kann. Unter diesem Aspekt wollen wir

---

[25] Vgl. ES 1950—1960, Abschnitt: Public finance.
[26] Vgl. ES 1950, S. 36.
[27] H. Waris, Economic growth and social welfare, MB 1962, No. 12, S. 19.
[28] A. Goodrich, a.a.O., S. 116.

die finnische Budgetpolitik anhand der drei wichtigsten Positionen: Subventionen, Beschäftigungsausgaben und öffentliche Investitionen untersuchen.

„Through its transfers of income the state carries on an extensive levelling out of income. It stears the flows of income within the community from sections in which, in its view, they are abundant, to wherever it regards the provision of economic support for members of the community, either individuals or bodies, as in the interest of the whole"[29].

Tabelle VII

Transfer- und Investitionsausgaben in Mrd. mk

Jahr	Transfer	davon: Subventionen	in % der Gesamtausgaben	Investitionsausgaben	davon: Beschäftigungsausgaben
1938	1,7	0,3	4,6	0,9	0,03
1948	54,0	19,0	13,6	8,6	0,3
1949	77,1	15,4	15,7	15,2	0,7
1950	83,2	24,1	15,5	12,6	5,5
1951	120,7	33,8	15,3	16,6	4,0
1952	123,9	30,5	15,4	22,4	4,0
1953	120,7	26,7	14,4	34,0	21,7
1954	125,3	27,4	14,0	29,3	20,4
1955	139,9	39,0	14,2	32,6	19,8
1956	166,6	54,7	15,0	40,7	31,8
1957	171,9	39,7	14,2	51,8	34,9
1958	200,1	63,5	15,6	57,7	38,8
1959	194,9	50,9	14,3	70,5	30,8
1960	219,4	60,0	13,5	77,0	32,3
1961	194,5	..	11,3	79,9	..
1962	215,3	..	11,6	83,0	..

Quelle: ES 1950—1963.

Diese Definition der Transferzahlungen läßt keinen Zweifel an den „socio-political implications" dieser Aufgaben. Sie umfassen, neben den bereits erwähnten Sozialausgaben im engeren Sinne (Kindergeld, Renten, Arava) aus Subventionen und Kredite an bestimmte Wirtschaftszweige, vor allem an die Landwirtschaft sowie die Zinsen und die Amortisation der Staatsschuld[30]. Insgesamt machte diese Position während der Nachkriegszeit im Durchschnitt 14 % der Gesamtausgaben aus. (Vgl. Tabelle VII.) Insbesondere Preis- und Produktionssubventionen, aber auch Kredite an die Land- und Forstwirtschaft waren in der

---

[29] ES 1953, S. 56.
[30] ES 1950, S. 29.

Zeit nach 1947 die hauptsächlichen Instrumente der staatlichen Preispolitik, die wir unter dem Namen „Poäng-köp" kennengelernt haben. Törnqvist schätzt zum Beispiel die Preissteigerungen, die 1950 durch einen Wegfall der Subventionen ausgelöst worden wären, auf 75 Indexpunkte (= 8 %)[31].

Gerade am Beispiel der Subventionsausgaben werden die Einflüsse der Parteipolitik auf wirtschaftliche Entscheidungen sehr deutlich sichtbar. Zum einen läuft die Kausalkette hier von der machtpolitischen Auseinandersetzung von Kommunisten und Sozialdemokraten in der Gewerkschaft über die Indexbindung der Löhne zur staatlichen Preispolitik mittels „Poäng-köp". Zum anderen enthalten die Subventionsmaßnahmen ein gut Teil eigennütziger Vorstellungen der Agrarier, die über die Unterstützung der Landwirtschaft an der Erhaltung ihres Wählerreservoirs interessiert waren, zumal sie nach der mißlungenen Kolonialsation versuchen mußten, die unrentablen Betriebe in der Landwirtschaft, entgegen ökonomischen Grundsätzen, zu erhalten. „Nach dem Zweiten Weltkrieg hat die Preis- und Subventionspolitik zugunsten der Landwirtschaft eine Schlüsselposition innerhalb der gesamten Wirtschaftspolitik erhalten, mit Rückwirkungen auf die Geld-, Handels-, Lohn- und Beschäftigungspolitik[32]". Die Subventionsausgaben wirkten nun in zweierlei Hinsicht inflatorisch, nämlich einmal dadurch, daß „der inflationäre Druck, der über eine Beschränkung der überflüssigen Konsumnachfrage hätte gemildert werden müssen, durch den Kaufkraftstrom aus Subventionen und dergleichen verstärkt wurde[33]".

Zum anderen geriet der Haushalt durch das ständige Wachstum dieser Ausgabenkategorie immer wieder in einen Engpaß (z. B. Indexkrise von 1954 oder Kassenkrise von 1957), zu dessen Überwindung die Regierung den Inflationsautomaten dann an einer anderen Stelle (durch Steuer- oder Tariferhöhungen) in Bewegung setzen mußte.

Ganz ähnlich wie bei den Subventionen lagen die Verhältnisse bei den Ausgaben zur Bekämpfung der Arbeitslosigkeit, die — ursprünglich im Verantwortungsbereich der Gemeinden liegend — im Laufe der Zeit immer mehr vom Staat finanziert wurden[34]. Das Prinzip, das dieser Politik zugrunde lag — „daß es die Pflicht der Gemeinschaft ist, sicherzustellen, daß diejenigen, die arbeiten können, die um Arbeit nachsuchen und arbeiten wollen, die Möglichkeit erhalten zu arbeiten[35]" — ist

---

[31] Vgl. E. Törnqvist, Statens subventionspolitik, in: Unitas 1950, No. 2, S. 88.
[32] H. E. Pipping, a.a.O., S. 59.
[33] B. Suviranta, Wage-inflation ..., a.a.O., S. 261.
[34] Vgl. T. Pulkkinen, Employment policy in Finland, MB 1964, No. 7, S. 18.
[35] J. Hakkarainen, The averting of unemployment in Finland, MB 1957, No. 4, S. 19.

zwar erst 1956 gesetzlich verankert worden; de facto galt es jedoch für die gesamte Nachkriegsperiode[36]. Es handelte sich aber bei dieser Arbeitslosigkeit, die mit Budgetmitteln bekämpft werden sollte, nicht um ein echtes Arbeitslosenproblem, sondern es ging vielmehr um Land-, Forst- oder Bauarbeiter, die lediglich im Winter keine ausreichende Beschäftigung fanden[37]. Da diese Bevölkerungsgruppe überwiegend Stammwähler des SKDL oder des Bauernbundes waren, liegt der parteipolitische Einfluß auf der Hand, der die Beschäftigungspolitik, allerdings sehr zum Nachteil der gesamten Volkswirtschaft, bestimmte. Die Ausgaben im Rahmen der sog. Notstandsarbeiten hatten „ihre bemerkenswerteste Wirkung in dem Festhalten von Arbeitskräften in der Landwirtschaft als Haupterwerbsquelle. Ohne die Wegebauten wäre nämlich die Flucht sowohl aus der Landwirtschaft, wie auch aus den Land- und Waldgebieten sicher größer gewesen[38]". Die künstliche Konservierung der Beschäftigungsstruktur ließ übrigens, mit der fortschreitenden Substitution von Arbeit durch Kapital und dem mit der wachsenden Bevölkerungszahl ständig zunehmenden Arbeitskräfteangebot, das Problem der saisonalen Arbeitslosigkeit immer schwieriger werden[39].

Ganz abgesehen davon, daß bei der Verfolgung des Zieles „Vollbeschäftigung" die Geldwertstabilität und der Zahlungsbilanzausgleich gefährdet sind[40], trug sowohl die Subventionspolitik als auch insbesondere die Beschäftigungspolitik dazu bei, „daß vornehmlich die Landwirtschaft, aber auch Teile der Forstwirtschaft, in ihren relativ unproduktiven Formen beibehalten wurde[41]".

Als unmittelbare Folge dieser Politik wurde die industrielle Entwicklung erheblich beeinträchtigt, denn erstens blieb das Arbeitsangebot innerhalb der Industrie beschränkt, und das Lohniveau mußte immer höher geschraubt werden, um überhaupt Arbeitskräfte anzulocken; zweitens wurde die industrielle Rentabilität durch die Steuern zur Finanzierung der Beschäftigungs- und Subventionspolitik belastet und drittens „hat die Einkommensumverteilungspolitik in jedem Falle zur Inflation beigetragen. Es handelte sich ... um eine politisch bestimmte Preis- und Einkommenspolitik, die die nominellen Kosten und das allgemeine Preisniveau erhöht haben[42]". Schließlich fehlte der Beschäfti-

---

[36] E. Dahmén, Ekonomisk utveckling och ekonomisk politik i Finland, Helsinki 1963, S. 14; vgl. auch EÖ 1955, S. 33.
[37] Vgl. E. Dahmén, a.a.O., S. 35; F. Valros, a.a.O., S. 76, MB 1954, No. 1, Market Review.
[38] E. Dahmén, a.a.O., S. 68.
[39] Vgl. ES 1953, S. 39—40.
[40] E. Dahmén, a.a.O., S. 18.
[41] Ibid., S. 59.
[42] Ibid., S. 59—60.

gungspolitik, wie der gesamten Wirtschaftspolitik der Nachkriegszeit überhaupt, die einheitliche Linie; „Vollbeschäftigung auf kurze Sicht war manchmal ein Hemmnis für Vollbeschäftigung auf lange Sicht[43]".

Der dritte wichtige Ausgabenkomplex waren die Investitionen des Staates, die aufgrund des ohnehin vorhandenen und durch den Krieg noch vergrößerten Kapitalmangels besonderes Gewicht hatten[44]. Die Knappheit an Investitionskapital „ist das Korsett, das das Wachstum der finnischen Industrie hemmt[45], zumal „ausländisches Kapital in keinem nennenswerten Umfang in Finnland investiert worden ist[46]". Der Anteil der öffentlichen Investitionen am Gesamteinkommen und am Sparkapital hat in der Nachkriegszeit beträchtlich zugenommen. „Mehr als die Hälfte, im Durchschnitt 55 %, des Sparens in Finnland geschah in den letzten 15 Jahren im Rahmen des öffentlichen Sektors, in Form des sog. Zwangssparens ... 1938 lag der öffentliche Anteil am Sparvolumen noch bei nur 15 %[47]".

Im Gegensatz zu dem hohen Anteil des Staates an der gesamten Sparsumme waren lediglich 16 % der Bruttoinvestitionen staatlich. Der Rest des in der öffentlichen Hand akkumulierten Kapitals floß in Form von Finanzinvestitionen wieder in die private Wirtschaft zurück, wobei der Begriff „Privatwirtschaft" allerdings auch die öffentlichen Betriebe sowie Unternehmen in staatlichem Besitz umfaßt. So wurden durchschnittlich etwa 45 % der privaten Investitionen aus dieser Quelle gespeist[48]; „durch diese Finanzinvestitionen hat die öffentliche Hand Einfluß auf den Umfang der gesamten Investitionen und namentlich auf deren Struktur[49]".

Betrachtete man nun das Ergebnis der Investitionstätigkeit in Finnland — der durchschnittliche Anteil der Bruttoinvestitionen am Nettosozialprodukt betrug 28 % — so zeigt der internationale Vergleich einen überraschend niedrigen Kapitalkoeffizienten[50]. Es liegt nahe, die Ursache hierfür in dem hohen Anteil der staatlichen Investitionen zu suchen.

---

[43] Ibid., S. 18.

[44] Vgl. J. J. Paunio, Die finnische Volkswirtschaft, Sonderdruck aus: Finnland, Geschichte und Gegenwart, Helsinki 1961, S. 1; R. v. Fieandt, Finnish joint stock banks in 1939—1944, in: Unitas 1945, No. 1, S. 6.

[45] A. Goodrich, a.a.O., S. 121.

[46] A. Karjalainen, a.a.O., S. 73; vgl. auch E. Dahmén, a.a.O., S. 32.

[47] o. V., „Sparande och investering i Finnland", Ekonomisk Bulletin, hrsg. von der Nordiska Föreningsbanken, Helsinki, Juli 1963, No. 3, S. 2; vgl. auch J. J. Paunio, a.a.O., S. 6.

[48] Vgl. o. V., „Sparande ...", a.a.O., S. 2; J. Nykopp, „Reparationen erzwangen raschen Aufbau", Handelsblatt vom 4. 9. 1961; I. S. Melin, Public enterprises in Finland, MB 1964, No. 3, S. 18—22.

[49] J. J. Paunio, a.a.O., S. 7, vgl. auch ES 1958, S. 98.

"As the main emphasis in public investment often is put on the employment impulses, rather than upon the influence of investment upon the national income, the aforesaid state of affairs may retard the achievement of one of the main targets in economic policies, the even and rapid increase in overall production"[51].

„Unsere Investitionen waren also kaum produktiv. Dies gilt in besonders hohem Maße von den öffentlichen Investitionen, welche sowohl aus natürlichen Ursachen (wie etwa wegen unseres weitausgedehnten Straßennetzes) als auch aus politischen Gründen (so z. B. Industrieanlagen in abgelegenen Landstrichen oder gewisse Investitionen in der bevorzugten Landwirtschaft) vergleichsweise unproduktiv oder zumindest in nur sehr geringem Umfang produktivitätsfördernd gewesen sind[52]". Vor allem die Zielrichtung dieser Staatsinvestitionen läßt auf die politischen Hintergründe schließen.

„Indeed, apart from the development of the reparation industries, the lion's share of investment capital has been used to subsidize agriculture, provide public works (nonproductive assistance for the seasonally unemployed) and to construct new housing. Regardless of how worthy these investments may be from the humanitarian-political point of view, they do very little toward solving Finland's long-range economic problems"[53].

Es bleibt uns also, abschließend festzustellen, daß der Staat mit seinen Investitionen keinesfalls dazu beigetragen hat, das Warenangebot in Struktur und Umfang zu verbessern; er hat vielmehr durch den unproduktiven Einsatz wertvolles Kapital fehlgeleitet. „Die Investitionen hätten sich in etwas anderer Weise auf die verschiedenen Branchen und Unternehmen verteilt, wäre nicht die Finanzierung über das Staatsbudget so vorherrschend gewesen[54]". Auch von Sparsamkeit kann bei der staatlichen Ausgabenpolitik keine Rede sein, denn seine Bereitschaft, den Subventionswünschen der verschiedenen Bevölkerungsgruppen nachzukommen, ist offenbar nicht gering gewesen, und so war „die staatliche Ausgabenpolitik, ob es sich nun um Investitionen, Subventionen oder dergleichen handelte, mit dem wachsenden Umfang, der den öffentlichen Sektor auszeichnete, ohne Zweifel ein Kaufkraftgenerator mit inflatorischen Wirkungen[55]".

3. Die Budgetdeckung

Ebenso wie die Verwendung der Haushaltsmittel ist auch die Art ihrer Beschaffung entscheidend für den Erfolg einer Antiinflationspoli-

---

[50] o. V., „Sparande...", a.a.O., S. 3.
[51] ES 1959, S. 100.
[52] o. V., „Sparande...", a.a.O., S. 3; vgl. auch E. Dahmén, a.a.O., S. 50; J. Linnamo, Bytesbalansens jämnvikt och Finlands tillväxtproblem, in: Unitas 1964, No. 2, S. 78.
[53] A. Goodrich, a.a.O., S. 124.
[54] E. Dahmén, a.a.O., S. 50.
[55] H. E. Pipping, a.a.O., S. 192.

tik, da vermutlich über die Einstellung der Bürger zum Staat eine enge Korrelation zwischen der Steuermentalität und der Geldwertmeinung besteht. Diese Vermutung hat insofern Bedeutung, als auch nach dem Kriege das Steueraufkommen die wichtigste Einnnahmequelle des Budgets war, und zwar erbrachte sie rund zwei Drittel der Gesamteinnahmen. (Vgl. Tabelle VIII). Die jährliche Steuerbelastung lag beispielsweise im Jahre 1949 für Ledige zwischen 29 %/o und 41 %/o, bei einem Jahreseinkommen von 100 000 bzw. 500 000 mk, und für eine vierköpfige

Tabelle VIII

Steueraufkommen (a) und Budgetdefizite (b) in Mrd. mk

(a) Steuern

Jahr	Gesamt-aufkommen	Eigentliche Steuern direkte	indirekte	Steuerähnliche Einkünfte
1938	3,9		3,9	..
1948	92,3		90,6	1,7
1949	101,6		101,6	..
1950	121,3		109,9	11,4
1951	167,8		151,2	16,6
1952	281,4		162,9	18,5
1953	174,5	47,3	106,7	20,5
1954	180,5	44,4	112,6	23,5
1955	192,6	50,0	117,9	24,7
1956	236,5	60,3	149,9	26,3
1957	258,7	62,9	163,6	32,2
1958	265,1	55,7	168,1	41,3
1959	289,2	66,0	191,6	31,6
1960	320,4	71,4	213,4	35,6
1961	349,0	74,8	225,3	38,9
1962	390,0	90,8	252,2	47,0

(b) Budgetdefizite

Jahr	nach offiziellem Buchabschluß	nach berichtigten Werten
1945	+ 0,1	− 3,7
1946	+ 4,2	+ 4,9
1947	+ 6,4	− 1,8
1948	+ 9,1	− 1,0
1949	− 6,9	− 6,2
1950	− 6,1	+ 5,1
1951	− 2,4	+12,5
1952	+ 0,8	− 4,6
1953	+ 2,6	− 3,4
1954	+ 1,9	+10,2
1955	− 7,6	− 2,4
1956	− 9,6	− 3,3

Quellen: (a) ES 1950—1963, (b) ES 1955—1957.

Familie betrugen die entsprechenden Sätze 24 %/o bzw. 34 %/o[56]. Von der Verteilung des Sozialprodukts her gesehen entzog der Staat dem privaten Sektor ca. 37 %/o von dessen Anteil, während nur rund ein Drittel dieses Betrages in Form von Einkommenstransfers wieder in den Privatsektor zurückfloß, so daß schließlich der staatliche Anteil am gesamten disponiblen Einkommen bei über 25 %/o lag[57].

Eine solche Besteuerung nennt H. Pipping „konfiskatorisch", die, „wenn sie so weit getrieben wird wie in Finnland, kostensteigernd wirken und zu den fortgesetzten inflationistischen Preissteigerungen beitragen kann[58]". Die Begründung für diese hohe Besteuerung hat sich gegenüber der Kriegszeit nicht geändert; es geht immer noch darum, die kaufkräftige Nachfrage und damit inflationistische Preissteigerungen einzuschränken[59]. Aber ebenso wenig wie am Konzept hat sich am Erfolg der Steuerpolitik geändert. Die Konsumnachfrage ist nämlich durch die finanzpolitischen Maßnahmen noch mehr gesteigert worden, „denn höhere Steuern ... betreffen viel mehr den Sektor mit einer größeren Sparneigung als den, der die größten Vorteile aus der Zunahme der Staatsausgaben zieht[60]".

Außer dieser Konsequenz der Steuerpolitik für die Geldwertstabilität, bleibt nur noch der hemmende Einfluß der 20prozentigen Umsatzsteuer, die etwa die Hälfte des gesamten Steueraufkommens darstellt, auf die Entstehung und Entwicklung von Klein- und Mittelbetrieben zu erwähnen[61].

Die zweite Quelle zur Deckung des Haushaltes, die Kredite der Zentralbank, haben vor allem in den ersten Nachkriegsjahren bis 1953 eine Rolle gespielt, als die Schatzwechsel noch als sekundäre Deckungsmittel für die Notenausgabe galten. In dieser Zeit hat der Staat von dieser Möglichkeit reichlich Gebrauch gemacht[62], allerdings ist die exakte Höhe der Haushaltsdefizite, die vornehmlich mit den Zentralbankkrediten abgedeckt wurden, nicht genau zu ermitteln. (Vgl. Tabelle VII). Nach 1953 verloren die Kredite der Bank von Finnland an Bedeutung,

---

[56] Vgl. ES 1951, S. 34.
[57] Vgl. J. Ristimäki, The financing of capital formation by the public sector in Finland, MB 1964, No. 9, S. 19; K. Waris, The disturbance in the equilibrium of Finland's trade and industry, in: Unitas 1948, No. 2, S. 44.
[58] H. E. Pipping, a.a.O., S. 192; vgl. auch P. Pajunen, Statshushållningens ..., a.a.O., S. 45; B. Wahlroos, Voraussetzungen und Konkurrenzfähigkeit der finnischen Industrieproduktion, Referat bei der Tagung: Finnland im Brennpunkt, in der Finnischen Handelshochschule am 6. 7. 1963, als Manuskript veröffentlicht, S. 10 b.
[59] Vgl. E. Dahmén, a.a.O., S. 71.
[60] T. Junnila, The market situation..., a.a.O., S. 7.
[61] Vgl. E. Dahmén, a.a.O., S. 43—44, 71—72.
[62] Vgl. MB 1953, No. 7—8, Market Review; MB 1955, No. 10, Market Review.

vor allem da sich die Bank zunehmend weigerte, Schatzwechsel zu diskontieren. Daher trat in der Folgezeit die Emission von Staatsobligationen wieder stärker in den Vordergrund. Von dieser Art der Haushaltsdeckung gingen nun eine Reihe von inflationistischen Wirkungen aus, da die Staatsobligationen, deren Ausstattung konkurrenzlos war (Indexsicherung, Steuervergünstigungen und höhere Renditen), einen beträchtlichen Teil des Sparkapitals absorbierten und damit den ohnehin nicht sehr großen Kapitalbestand für private Investitionen verminderten[63]. Auf diese Weise wurde die ökonomische Verteilung der Produktionsfaktoren einmal mehr gestört, ganz abgesehen von der Konsequenz einer zunehmenden Belastung des Budgets mit wachsenden Zins- und Amortisationszahlungen.

4. Das Budget als Inflationsquelle

Wir können die Rolle des Staatshaushaltes nun sowohl unter dem Gesichtspunkt seiner Bedeutung für den Inflationsverlauf als auch seines Anteils an der Bekämpfung der Inflation betrachten. Wenn wir den Staat hier zunächst als Gruppe im inflationistischen Verteilungskampf ansehen, so können wir sagen, daß er als höchste Autorität und Repräsentant der Staatsgemeinschaft nur in solchen Fällen ein aktives Interesse an der Umverteilung des Sozialprodukts zu seinen Gunsten hat, in denen es um den Bestand der Staatsgemeinschaft selbst geht, also im Kriegsfall oder akuten Notstandssituationen. In normalen Zeiten hingegen ist er als Staat lediglich an der Aufrechterhaltung seiner eigenen Organisation und an der Befriedigung lebensnotwendiger Kollektivbedürfnisse interessiert. Da der Anteil solcher Ausgaben am Gesamthaushalt in der Nachkriegszeit relativ gering war, können wir diesen Aspekt übergehen. Die aktive Teilnahme am Verteilungsprozeß wurzelt daher in Friedenszeiten nicht in der staatlichen Verantwortung für den Bestand der Gemeinschaft, sondern diese Verpflichtung wird vielmehr durch parteipolitische Interessen und Zielsetzungen verdrängt, die nun die Richtung des Umverteilungsprozesses bestimmen. Hiervon ausgehend kann man daher den Umfang des Statshaushaltes, die Ausgaben- und die Einnahmepolitik mit all ihren Konsequenzen bis 1952 weitgehend mit dem Hinweis auf die Ausnahmesituation, in der sich Finnland befand und in der die Rücksichtnahme auf den Geldwert hinter den Reparationsverpflichtungen und dem Wiederaufbau zurückstehen mußte, rechtfertigen. Für die Zeit nach 1952 allerdings müssen wir den Umstand, daß das Budgetvolumen nicht nur nicht reduziert, sondern sogar noch weiter ausgedehnt wurde, allein dem Einfluß der politischen Parteien zuschreiben. Da die Auswirkungen dieser Entwicklung, wie

---

[63] Vgl. T. Junnila, Tightening ..., a.a.O., S. 105.

wir gesehen haben, eindeutig inflationsfördernd waren, können wir den staatlichen Bereich durchaus als Inflationsträger bezeichnen.

Was nun die Versuche zur Inflationsbekämpfung angeht, so waren die finanzpolitischen Maßnahmen im wesentlichen auf zwei Ziele gerichtet. Einmal hat man versucht über die Kaufkraftabschöpfung den monetären Reaktionsbereich der Bevölkerung einzuengen und zum anderen lag der Effekt der einkommensredistributiven Maßnahmen darin, daß die Auswirkungen der laufenden Inflation für bestimmte Gruppen gemildert und auf diese Weise deren Reaktionsintensität herabgesetzt wurde. In der zentralen Frage der Wiederaufrichtung des Vertrauens in die Währung hat der Staat versagt. Er hat weder konsequent und zielbewußt versucht, über den richtigen, ökonomischen Einsatz der Produktionsfaktoren eine Verbesserung der Güterversorgung zu erreichen, um damit das Klima für eine Geldwertstabilisierung zu schaffen, noch war er in der Verwendung der Haushaltsmittel so sparsam und zurückhaltend, daß er für die übrigen Gruppen der Gemeinschaft beispielgebend hätte sein können. Diese Feststellung wird durch die Beobachtung bestätigt, daß der Statshaushalt als einzige der hauptsächlichen Inflationsquellen keine Reaktion auf die Zäsur von 1957 zeigte. Wenn aber der Wille zum Kampf gegen die Inflation nicht in klaren, zielbewußten Entschlüssen der Regierung und des Parlamentes zum Ausdruck kommt und die Öffentlichkeit dem Staat sein Bekenntnis zur Wahrung des stabilen Geldwertes aufgrund seiner inkonsequenten und verschwenderischen Ausgabenpolitik nicht glauben kann, dann ist die Aufrichtung des Geldwertvertrauens unmöglich geworden. Dann hat sich gezeigt, daß der Staat nicht willens und/oder nicht fähig ist, seiner Verpflichtung zur Aufrechterhaltung der Geldwertstabilität nachzukommen; damit ist das im Geld verkörperte Wertversprechen weitgehend wertlos geworden. Die „ex officio"-Sonderstellung des Budgets im Rahmen der Inflationsbekämpfung schlägt dann in ihr Gegenteil um, und der Statshaushalt wird zu einem kräftigen Inflationsmotor.

II. Die Lohnfront

Gerade im Bereich des Lohnsektors zeigt sich mit ganz besonderer Deutlichkeit, wie sehr die finnische Inflation ein politisches und kein nur-wirtschaftliches Phänomen ist, entstanden etwa durch das unglückliche Zusammentreffen bestimmter wirtschaftlicher Entwicklungen. Hier erweist sich, daß die Frage: Inflationsquelle oder nicht, etwa durch einen Vergleich der Lohn- mit der Produktivitätszuwachsrate, einfach nicht zu beantworten ist, und wir kommen bei der Untersuchung des Lohnsektors nicht umhin, unsere Aufmerksamkeit auch auf politische Faktoren zu richten.

1. Die Arbeitsmarktsituation

Die Lage auf dem Arbeitsmarkt war bis Ende 1948 durch einen allgemeinen Arbeitskräftemangel charakterisiert. Die Beschäftigung bei den Wiederaufbauarbeiten, die Verminderung des Arbeitskräfteangebotes infolge der Kriegsverluste und die Rückkehr der weiblichen Arbeitskräfte in den Haushalt waren die Gründe hierfür[1]. Außerdem fielen die Reparationslieferungen der arbeitsintensiven Forstwirtschaft und holzverarbeitenden Industrie gerade in die ersten Nachkriegsjahre. Dann aber spaltete sich der Arbeitsmarkt gegen Ende 1948, und die bekannte Winterarbeitslosigkeit trat wieder auf[2]. Diese saisonale Arbeitslosigkeit betraf jedoch, wie bereits erwähnt, nur die ungelernten Arbeitskräfte der Land- und Forstwirtschaft sowie des Baugewerbes; der Mangel an ausgebildeten Facharbeitern dagegen blieb während der gesamten Nachkriegszeit akut[3]. Anfang der sechziger Jahre zeichnete sich dann mit dem Eintritt geburtenstarker Jahrgänge in das Wirtschaftsleben das Problem eines Überangebotes von Arbeitskräften ab[4], so daß insgesamt gesehen von der Angebots-Nachfrage-Situation am Arbeitsmarkt nur in den ersten Jahren die Möglichkeit zu umfangreichen Lohnforderungen gegeben war.

In Wirklichkeit geht es aber gar nicht um die Frage der Marktsituation, sondern „das wirkliche Problem liegt in der Macht der Gewerkschaften, ihre Forderuungen in einer bestimmten Phase des Konjunkturzyklus durchsetzen zu können[5]". Der Kernpunkt unserer Untersuchung über die Lohnfront liegt also in der Frage nach der politischen Macht der Gewerkschaften im Nachkriegsfinnland. „Während der ganzen Nachkriegsjahre sind die Pläne, Maßnahmen und inneren Konflikte der gewerkschaftlichen Bewegung und deren Beziehung zu den politischen Parteien, nicht zuletzt die zu den an der Regierung beteiligten, von der Öffentlichkeit auf das aufmerksamste beobachtet worden. Eine (Delegierten-) Wahl zu den großen Gewerkschaftskongressen wurde fast genau so wichtig genommen wie eine Reichstagswahl... Die vielleicht heftigsten politischen Kämpfe in Finnland fanden innerhalb der Gewerkschaften statt[6]".

2. Die Rolle der Gewerkschaften

Wie bereits erwähnt, entwickelten sich die Gewerkschaften nach dem Kriege immer mehr zu einem politischen Machtfaktor. Ihr eigenes po-

---

[1] Vgl. YB 1946, S. 9 und YB 1947, S. 9.
[2] Vgl. YB 1949, S. 10; YB 1948, S. 10; YB 1947, S. 9.
[3] Vgl. YB's 1945—1953, Abschnitt: Labour market.
[4] J. J. Paunio, Volkswirtschaft..., a.a.O., S. 9—10; G. Ehrnrooth, Das neue Jahr, in: Unitas 1963, No. 1, S. 3—4.
[5] J. Åkerman, An institutional..., a.a.O., S. 10.
[6] F. Valros, Finland efter..., a.a.O., S. 51/52.

II. Die Lohnfront

litisches Gewicht erhielten sie dabei aus der Tatsache, daß die Mitgliedszahlen des SAK von 80 000 im Herbst 1944 auf 291 000 im Herbst 1946 und 347 000 Ende 1947 anstiegen[7]. „The steep rise of wages was particularly a result of labour shortage and partly of political power gained by the trade unions during the turbulent years when their membership increased many times and even the government was to some extent dominated by them[8]".

Parallel zu dieser Entwicklung verlief der Kampf um die Führung im SAK, der sich zwischen Sozialdemokraten und Kommunisten entspann. Die Kommunistische Partei Finnlands gründete nämlich gleich nach der Aufhebung ihres Verbots im Waffenstillstandsvertrag, unter Beteiligung pazifistischer Gruppen, die Demokratische Union des Finnischen Volkes (SKDL) und begann mit der Eroberung der wichtigsten innenpolitischen Positionen; so kontrollierten die Kommunisten, gestützt und gefördert von der Alliierten Kontrollkommission, alsbald das Innenministerium, das Unterrichtsministerium, die Staatspolizei und einige der bis dahin sozialdemokratisch geführten Gewerkschaften. Im Verlauf des sich hieraus entwickelten Machtkampfes innerhalb des SAK übernahmen nun die Sozialdemokratische Partei und die Volksunion selbst die Führung „ihrer" Gewerkschaften, so daß die Auseinandersetzung zwischen den beiden Gruppen bis ins Parlament und bis in die verschiedenen Kabinette, denen beide gemeinsam angehörten, hineingetragen wurde. Die gemäßigteren Sozialdemokraten sahen sich daher immer wieder genötigt, der radikaleren Lohnpolitik der Kommunisten zu folgen, um überhaupt ihren Führungsanspruch im SAK behaupten zu können; zeitweise überboten sich die Kontrahenten gegenseitig in der Durchsetzung immer höherer Lohnforderungen[9].

Da nun die endgültige Entscheidungsgewalt in Lohnfragen bei der Regierung lag — die Tarifautonomie war von 1942 bis 1955 durch die Notstandskontrollgesetze aufgehoben —, spitzten sich die Auseinandersetzungen im Lohnsektor, vor allem in den ersten Jahren nach 1944, auf eine Kraftprobe zwischen Regierung und SAK zu[10]. In dieser Situation war der Verhandlungsspielraum der Regierung äußerst beschränkt, denn „der Zwang, um jeden Preis die Wiederaufbauarbeiten und insbesondere die Reparationsproduktion in Gang halten zu müssen, schwächte sowohl die Position der Arbeitgeber wie auch die der Regierung[11]". Daher gelang es den Gewerkschaften, die Regierung immer wieder un-

---

[7] Vgl. F. Valros, Finland efter ..., a.a.O., S. 51 und 53.
[8] B. Suviranta, Wage-inflation ..., a.a.O., S. 249.
[9] Wir haben also hier den Fall einer Inflationsquelle vor uns, bei der die entscheidenden Impulse nicht aus der Masse der Gruppenmitglieder, sondern vielmehr von der Organisationsspitze ausgingen.
[10] Vgl. F. Valros, a.a.O., S. 55.
[11] H. E. Pipping, Finlands näringsliv ..., a.a.O., S. 196.

ter der Androhung von Generalstreiks zu erpressen. „The completion of war reparations was a compelling political necessity and in the reparations industry there were times when the preservation of labour peace was considered to demand considerable wage concessions[12]".

Diese äußerste Zuspitzung an der Lohnfront hielt zwar nur wenige Jahre an, denn mit der Niederlage der Kommunisten auf dem SAK-Kongreß von 1947 und in der Reichstagswahl von 1948 trat der gewerkschaftsinterne Konflikt allmählich in den Hintergrund, aber die Folgen dieser Kämpfe wirken bis heute noch nach. Die Lohnentwicklung verlief dann ab 1950 wesentlich gemäßigter. Außerdem erhielt die Regierung 1952, nach dem Abschluß der Reparationslieferungen an die Sowjetunion, wieder einen Teil ihrer Bewegungsfreiheit zurück. Damit war die eigentliche Nachkriegsphase der Lohnpolitik abgeschlossen, wenn auch kurze Zeit später die Differenzen innerhalb der Sozialdemokratischen Partei, die später zur Teilung der Partei führten, offen zutage traten, so daß die Lohnfront nun unter veränderten Bedingungen wieder ins Blickfeld rückte. Gerade die ersten Nachkriegsjahre hatten also entscheidenden Einfluß auf die wirtschaftliche und politische Entwicklung Finnlands, denn einerseits war es den Gewerkschaften gelungen, sich ein Mitspracherecht in Fragen der Lohn- und Sozialpolitik zu erkämpfen, und zum anderen wirkte sich die Indexbindung der Löhne, die in der Zeit der schärfsten lohnpolitischen Auseinandersetzung eingeführt worden war, in hohem Grade nachteilig auf die Stabilisierungsbemühungen der Regierung aus.

3. Die Indexbindung der Löhne

Die Einrichtung der Indexbindung für Löhne läßt sich auf zwei Wurzeln zurückführen. Erstmalig war eine Indexbindung — wie erwähnt — 1940 in Zusammenhang mit der Entschädigung der karelischen Flüchtlinge eingeführt worden, und zwar in ähnlicher Form wie bei der 1944 wiederholten Regelung. 1941 wurde die Koppelung an den Lebenshaltungskostenindex dann auch auf die Löhne übertragen, zunächst nach dem Prinzip der $^2/_3$-Kompensation und 1944 erfolgte dann die Umstellung auf volle Kompensation[13]. Diese Form der Lohnpolitik war jedoch als reine Defensivmaßnahme, aus der Notwendigkeit, die Verteidigungsbereitschaft des Landes sicherzustellen, entstanden. Während die „Lohn-Preis-Explosion" von 1945 und 1946 hatte die Indexbindung dann auch kaum eine praktische Bedeutung[14].

---

[12] C. E. Knoellinger, Labor ..., a.a.O., S. 199; vgl. auch F. Valros, a.a.O., S. 48.
[13] Vgl. E. Törnqvist, Entwicklung und Regelung ..., a.a.O.
[14] Vgl. C. E. Knoellinger, a.a.O., S. 102; E. Törnqvist, Pris- och löneutvecklingen år 1945, in: EU 1945: II, S. 27.

Erst im Oktober 1947, also auf dem Höhepunkt des Machtkampfes zwischen Sozialdemokraten und Kommunisten, griff der kommunistische Ministerpräsident Pekkala den im Krieg geschaffenen Präzedenzfall auf und führte die Indexbindung der Löhne wieder ein[15]. Damit kam also zu der „atmosphärischen" Vorbereitung der Indexbindung in der Kriegszeit nun als zweite Wurzel ein politisches Element hinzu, und die Koppelung der Löhne an den Lebenshaltungskostenindex wurde zu einem sakrosankten Bestandteil der finnischen Lohnpolitik. Die Modalitäten der Indexbindung sind dann in den Jahren nach 1947 vielfach abgewandelt worden, so z. B. 1955 als die staatliche Aufsicht über die Lohngestaltung endete und die Tarifpartner anstatt der „automatischen" die „halbautomatische" Bindung einführten, aber das Prinzip der indexgebundenen Löhne blieb bis zur Abwertung von 1957 erhalten. Sein erneutes Aufleben im Jahre 1963 müssen wir dann wiederum politischen Umständen zuschreiben, denn diesmal ließ das Zusammenwirken des Konfliktes zwischen den beiden sozialdemokratischen Gewerkschaftsgruppen, die Frontstellung der Gewerkschaften gegen die Regierung und die politische Handlungsunfähigkeit der Regierung Karjalainen sowie der nachfolgenden Beamtenregierung Lehto die Indexbindung der Löhne wiedererstehen.

Vom Standpunkt unseres theoretischen Konzeptes von der Inflation her betrachtet, ist die Indexbindung der Löhne der Ausdruck eines immer mehr umsichgreifenden „Index-Denkens[16]" und stellt damit die Phase des Inflationsablaufes dar, in der sich die Gruppenauseinandersetzung auf die institutionelle Verankerung des einmal erreichten Vorsprungs konzentriert. Wir können also die Einführung der Indexbindung für Löhne als Indiz dafür werten, wie stark die Inflationserwartung das Handeln der Wirtschaftsgruppen bereits bestimmte, womit natürlich gleichzeitig ausgesagt ist, daß die Aussichten für eine Stärkung des Geldwertvertrauens in der Bevölkerung gering waren.

Neben dieser Feststellung, in der die Indexbindung ja nur der Ausdruck einer allgemeinen Stimmung ist, zeitigte die Koppelung der Löhne an den Lebenshaltungskostenindex aber auch noch eine Reihe handfester Konsequenzen, sowohl für die weitere wirtschaftliche Entwicklung als auch für die Gestaltung der Wirtschaftspolitik. Sie wurde nämlich, als sich das Index-Denken noch weiter ausbreitete, zum Kernstück eines regelrechten Inflationsautomaten, der, zur Zeit seiner größten Ausdehnung sogar den Geldmarkt einschließend, alle Bereiche der Volkswirtschaft über den Lebenshaltungskostenindex derart starr mit-

---

[15] Vgl. F. Valros, a.a.O., S. 49.
[16] „Once it had been applied to these compensation bonds, index-‚thinking' spread rapidly." (T. Junnila, Finland introduces the index clause in deposit and credit business, in: KOP 1955, No. 4, S. 174.)

einander verband, daß jeder auch noch so geringe binnen- oder außenwirtschaftliche Inflationsimpuls den gesamten Mechanismus in Bewegung setzte[17]. Diese institutionalisierte Lohn-Preis-Spirale war daher fast ununterbrochen in Rotation, wenn sich die Inflation auch rein äußerlich, aufgrund der Indexklauseln, in Sprüngen weiterbewegte. Aus diesem Zusammenhang wird verständlich, daß wir praktisch jede Veränderung ökonomischer Daten und jede wirtschaftspolitische Maßnahme von Regierung und Notenbank, auch solche, die normalerweise inflationsdämpfend wirken, unter die inflationsfördernden Faktoren einreihen müssen. Lediglich in Zeiten einer ausgesprochenen Hochkonjunktur lockerte sich die Starre des Indexautomaten so weit, daß ein geringer Handlungsspielraum entstand.

Die schwerwiegendste Folge der Indexbindung lag für die Wirtschaftspolitik darin, daß sich nunmehr die gesamte Stabilisierungspolitik der Regierung, insbesondere ihre Preispolitik, einzig und allein auf die Manipulation des Lebenshaltungskostenindex konzentrierte, der dadurch in seiner Aussagekraft als Maß für den Geldwert über Gebühr strapaziert wurde. „Der Lebenshaltungskostenindex und die Grundlage seiner Berechnung waren in Finnland stets eine hochaktuelle Frage der Tagespolitik, die unweigerlich jedes Jahr wieder auftauchte, ganz besonders nach der Auseinandersetzung vom Oktober 1947[18]". Aus dieser Sachlage erklärt sich die überragende Bedeutung der „Poäng-köp"-Politik. Gleichzeitig zeigt aber gerade das Beispiel der staatlichen Preismaßnahmen die Ausweglosigkeit der Stabilisierungsversuche während der Geltungsdauer der Indexbindung. Die gesamte Subventionspolitik, wie dann auch weitergehend die Steuerpolitik, war, von politischen Motiven abgesehen, in der Absicht, die Preisentwicklung einzudämmen, konzipiert. In Wirklichkeit konnte diese Politik ihren Zweck gar nicht erfüllen, sondern sie trug im Gegenteil selbst wieder zur Beschleunigung der Inflation bei. Die Abschaffung der Indexbeziehung im Zuge der Abwertung von 1957 stellt also wirklich einen entscheidenden Schritt in der Richtung einer Geldwertstabilisierung dar, da hiermit sowohl das Kernstück des Inflationsautomaten beseitigt als auch den verschiedenen, inflationistischen Nebenerscheinungen der Indexbindung die Grundlage entzogen wurde.

---

[17] Vgl. B. Suviranta, Wage-inflation ..., a.a.O., S. 256, 260; K. Waris, Index and wages, in: Unitas 1950, No. 1, S. 33; K. Lagus, Prisutvecklingen och stabilisingsprogrammen, aa.O., S. 89.
[18] F. Valros, a.a.O., S. 64; vgl. auch K. Lagus, Prisutvecklingen ..., a.a.O., S. 89.

4. Sonderfall Landwirtschaft

In ähnlicher Weise wie die Löhne und Gehälter wurden auch die landwirtschaftlichen Einkommen geregelt. Mit der Unterstützung der Bauernpartei gelang es den Landwirten 1952, die Bindung ihres Einkommens an das allgemeine Verdienstniveau zu erreichen. Dabei versuchte die Regierung gleichzeitig, sowohl den Interessen der landwirtschaftlichen Arbeiter als auch denjenigen der Bauern gerecht zu werden.

„The income is bound to the general wage level. Changes in the cost of agriculture or general wage level necessitate a revision of the prices of agricultural produce or of State subsidies so as to retain the same ratio between said income and the general wage level as obtained in October 1951"[19].

Diese Regelung versetzte die Bauern nun in die Lage, einerseits über ihre Produktpreise den Lebenshaltungskostenindex beeinflussen zu können, als auch andererseits von den durch gestiegene Lebenshaltungskosten oder Produktivität ausgelösten Lohnsteigerungen zu profitieren. Damit war die Lohn-Preis-Bindung noch enger und der Indexautomat noch brisanter geworden. „Apart from the harmful inflationary effects of the system of binding farm prices to wage levels and wage increases to price levels (a system sometimes called a 'guaranteed-by-law-inflation'), the farm subsidy program became a very expensive proposition for a country of modest means[20]." Neben ihren nachteiligen Folgen für die Preisstabilität und die Budgetpolitik hat diese Einkommensregelung auch die Abwanderung von Arbeitskräften aus der wenig produktiven Land- und Forstwirtschaft in die Industrie gehemmt[21]. Aus dieser Feststellung wird der parteipolitische Hintergrund der landwirtschaftlichen Einkommenspolitik deutlich[22]. Darüber hinaus ist sie aber eine klare Demonstration für die Durchdringung des wirtschaftlichen Denkens in Finnland mit der Indexgläubigkeit.

5. Die Lohnfront als Inflationsfaktor

Wenn wir oben die Bindung der Löhne und der landwirtschaftlichen Einkommen an den Lebenshaltungskostenindex als den Ausdruck des Index-Denkens charakterisiert haben, dann dürfen wir dabei nicht vergessen, daß es sich bei diesen beiden Maßnahmen um die prominentesten Ergebnisse einer Einkommenspolitik handelt, die ausgesprochen

---

[19] MB 1952, No. 11—12, Items.
[20] A. Goodrich, a.a.O., S. 121.
[21] Vgl. E. Dahmén, a.a.O., S. 29—30, 57—60, 66—68.
[22] „Die Landwirtschaftspolitik zeichnet sich in weiten Bereichen als ein typisches Beispiel teils für mangelnde Zielstrebigkeit, teils für Maßnahmen, deren Motiv offenbar zu einem Teil auf der rein interessenpolitischen Ebene lag, aus." (E. Dahmén, a.a.O., S. 67.)

parteipolitische Hintergründe hatte. Das Zustandekommen der lohnpolitischen Entscheidung haben wir mit dem Hinweis auf die starke Position der Gewerkschaften und die Schwäche der Regierungen erklären können. Damit ist aber noch nicht gesagt, daß der Gesichtspunkt: Wahrung des Arbeitsfriedens auf Kosten des Geldwertes für uns akzeptabel ist. „The fact that the inflationary development was allowed is another matter, since inflation offers easy short term solutions and since demands of the wage organisations ware often dictated by political passion[23]". Die sich hieraus ergebende Frage, warum die Regierung sich nicht, trotz ihrer schwachen Verhandlungsposition, mit dem Hinweis auf die Notwendigkeit einer Stabilisierung des Geldwertes durchsetzen konnte, soll später behandelt werden. (Vgl. 3. Kap., Die politischen Faktoren).

Die andere Frage hingegen, warum die gewerkschaftlichen Forderungen ohne Rücksicht auf den Geldwert vorgebracht und durchgesetzt wurden, läßt sich nur mit der Erbittertheit des gewerkschaftsinternen Machtkampfes erklären. Da die Kommunisten ohnehin mit der demokratischen Regierungsform in Finnland nicht einverstanden waren, also der Verfassungskonsens bei dieser Partei gar nicht gegeben war, führten sie auch den Kampf um die Führung im SAK mit äußerster Härte.

„Not being particularly concerned about the rules of the game as implied in the collective bargaining and in union democracy, the Communists called the workers out on one wild cat strike after another. Their demands were partially economic..., purely political claims also entered the picture... Even when they (die Sozialdemokraten) were fully aware of the inflationary danger of extreme wage demands, they often felt compelled in the struggle for favor among the working classes to howl with the wolves and to submit to the so-called auction policy"[24].

Nur aus diesem Zusammenhang heraus läßt sich beispielsweise erklären, daß es sogar dann zu Arbeitsmarktunruhen und Streiks kam, wenn nach den Bestimmungen der Indexklausel ein Anspruch der Arbeitnehmer auf Lohnerhöhung nicht gerechtfertigt war, da der Lebenshaltungskostenindex die hierfür erforderliche Höhe noch gar nicht erreicht hatte[25]. Es scheint jedoch, als ob die Gefahr einer kommunistischen Machtübernahme von den Sozialdemokraten überschätzt worden ist; zumindest legt das Ergebnis des Gewerkschaftskongresses von 1947 und die vernichtende Wahlniederlage der Kommunisten bei den Wahlen von 1948 diese Vermutung nahe.

Vor allem zeigt die Entwicklung im Lohnsektor, daß der gesamte Komplex der Lohnpolitik nicht von dem parteipolitischen Element zu

---

[23] M. Virkkunen, „The control of post-war inflation in Finland", The Statist, April 1955, S. 13.
[24] C. E. Knoellinger, a.a.O., S. 107 und S. 109.
[25] Vgl. YB 1948, S. 10; YB 1949. S. 11.

trennen ist, denn auch nach 1950 konnten die Arbeiter, die vielleicht wichtigste und dynamischeste Gruppe unter den Inflationsträgern der Nachkriegszeit, ihre Forderungen aufgrund der dauernden parteipolitischen Streitigkeiten und der Unfähigkeit der Regierung, in dieser Konfrontation ihre Position wirksam zu behaupten, immer wieder durchsetzen.

„All experiences seem to show, that the Finnish workers because of their political power have been able, time after time, to push wages to a higher level than might have been accounted for by the market situation for labor"[26].

Diese Feststellung wird noch weiter gestützt durch die Beobachtung, daß bereits 1949 innerhalb der Arbeiterschaft Tendenzen sichtbar wurden, die auf eine Abkehr von der bisherigen Lohnpolitik hinwirkten[27]. Da aber einerseits die Führungsgruppe im SAK noch zu sehr im Kampf stand und andererseits die Regierung politisch nicht in der Lage war, eine Änderung der Lohnpolitik herbeizuführen, gelang es diesen gemäßigten Gruppen nicht sich durchzusetzen.

Da die häufigen Lohnerhöhungen den Anstieg der Produktivität bei weitem übertrafen[28] und da das Preisniveau fast ebenso schnell stiegen wie die Löhne, „hatten die Gewerkschaften auf lange Sicht gesehen nur einen geringen Einfluß auf die Reallöhne[29]". Dagegen haben die harten, lohnpolitischen Auseinandersetzungen die Inflationsangst in der Bevölkerung immer wieder wachgerufen und auf diese Weise die Atmosphäre für eine Stabilisierung der Währung verdorben. Das wohl deutlichste Beispiel hierfür ist die Reaktion der Sparer im Jahre 1962.

III. Der Bankensektor

Im Rahmen der Antinflationspolitik hat die Zentralnotenbank normalerweise eine ganz besonders gewichtige Position, denn sie hat als einzige öffentliche Institution neben dem Staat die Möglichkeit, durch eigenes Tätigwerden die Inflation aktiv zu bekämpfen. In Finnland jedoch waren die Voraussetzungen, unter denen die Zentralbank ihre Politik verfolgte, angesichts der von der Budget- und Lohnentwicklung ausgehenden kräftigen Inflationsimpulse, denkbar ungünstig. Ihre Tätigkeit wurde darüber hinaus durch den herrschenden Kapitalmangel und durch die starke Abhängigkeit Finnlands von der Entwicklung auf dem Weltmarkt zusätzlich erschwert. Unter diesen Prämissen erhielten dann auch die institutionellen und die machtpolitischen Verhältnisse im

---

[26] C. E. Knoellinger, a.a.O., S. 196.
[27] Vgl. K. Lagus, Pris- och löneutvecklingen, in: EU 1949, S. 69.
[28] Vgl. E. Dahmén, a.a.O., S. 27 und 34; J. Nykopp, Arbeitslöhne und Inflation, in: Unitas 1959, No. 3, S. 119.
[29] B. Suviranta, Wage-inflation ..., a.a.O., Diskussion zum Referat, S. 460.

Bereich des Geldwesens ihre besondere Bedeutung für den Erfolg der Geldpolitik.

1. Das System des Geldwesens

Die Geldpolitik ist wie jede andere Politik an Institutionen gebunden. Der Rahmen, innerhalb dessen sich das Wechselspiel von Aktionen und Reaktionen vollzieht, wird nicht zuletzt von der Konstruktion dieser Institutionen, von ihren geschriebenen und ungeschriebenen Verfassungen sowie von ihren, über das Institutionelle herausgehenden, tatsächlichen Einflußmöglichkeiten abgesteckt. Wie gut ein solches System unter normalen Bedingungen auch immer funktionieren mag, seine Schwächen werden zumeist erst in Krisensituationen erkennbar.

a) Die Institutionen

Die Bank von Finnland, hervorgegangen aus dem 1811 von Zar Alexander I. gegründeten „Wechsel-, Darlehen- und Depositions-Comptoir im Großfürstenthum Finnland", war zunächst nur mit dem Recht der Ausgabe von Rubelnoten ausgestattet. Als 1860 die Finnmark als offizielles Zahlungsmittel eingeführt wurde, und nachdem im Anschluß an den Krimkrieg in Finnland Bestrebungen zur Loslösung der Finnmark vom Rubel einsetzten, wurde die Bank der Aufsicht der Landstände unterstellt[1]. Nach der Entstehung der Republik Finnland im Jahre 1917 übernahm der Reichstag diese Aufgabe, und gemäß § 2 des Bankgesetzes übt die Bank ihre Tätigkeit „unter der Garantie und Aufsicht des Reichstages aus[2]". Die Kontrolle der Zentralbank obliegt einem Gremium von neun aus dem Parlament gewählten Bankbevollmächtigten. Neben der Überwachung der allgemeinen Geschäftstätigkeit der Bank, entscheiden sie, auf Vorschlag des Bankdirektoriums, über die Maßnahmen der Diskontpolitik und schlagen außerdem dem Präsidenten der Republik die Mitglieder des Bankdirektoriums zur Ernennung vor. Das Direktorium selbst besteht aus fünf Mitgliedern, von denen einer die Funktion des Bankpräsidenten ausübt[3].

Formal hat die Bank zwar eine weitgehende Unabhängigkeit gegenüber den politischen Instanzen, praktisch jedoch ist sie vor allem über die Personal- und Zinspolitik vor parteipolitischen Einflüssen nicht geschützt. Ihre Funktion als Hausbank der Regierung endete 1877 mit der Überführung der Staatskonten auf das Schatzamt; 1939 geriet sie dann

---

[1] Vgl. H. E. Pipping, The origin and early development of central banking in Finland, in: MB 1961, No. 12, S. 9 ff.

[2] Regulations for the Bank of Finland, issued in Helsinki on December 21, 1925.

[3] Vgl. K. Waris, Some features of central banking ..., a.a.O., S. 5 ff.; H. E. Pipping, The origin ..., a.a.O., S. 9.

mit der Einführung von Schatzwechseln als sekundäre Deckungsmittel wieder stärker unter den Einfluß der Exekutive, aus dem sie sich erst 1953 wieder lösen konnte. Allerdings ist ihr Recht zur Ausgabe von Zahlungsmittel in den Statuten der Bank auf 58, 0 Mrd. mk über dem Stand der Gold- und Devisenreserven beschränkt[4]. Obwohl die Bank im Laufe ihrer Entwicklung immer mehr in die Rolle einer Zentralnotenbank hereinwuchs, hat sie ihre ursprüngliche Tätigkeit als Geschäftsbank noch nicht gänzlich aufgegeben und war z. B. 1960 noch mit drei Prozent an dem gesamten Kredivolumen beteiligt. Mit der Reglementierung des Außenhandels und der Einführung der Devisenbewirtschaftung wurde ihr in Erweiterung ihres Aufgabenbereiches die technische Durchführung der Kontrollbestimmungen übertragen, und sie erhielt damit eine weitere Möglichkeit, den Ausgleich der Zahlungsbilanz zu überwachen[5].

Der 1892 gegründeten Suomen Yhdys Pankki folgten bald zahlreiche weitere Geschäftsbanken, jedoch sind von den ehemals 23 Instituten inzwischen nur noch fünf übriggeblieben. Davon stellen die beiden größten, Pohjoismaiden Yhdyspankki (Nordiska Föreningsbanken) und Kansallis-Osake-Pankki, zusammen zwischen 80 % und 90 % der Gesamtbilanzsumme[6]. Dieser hohe Grad der Konzentration ist eine direkte Folge der Kapitalknappheit, die der Anlaß zu einem äußerst harten Konkurrenzkampf der Geschäftsbanken um die Spareinlagen war und zu einem unverhältnismäßig aufwendigen Ausbau des Kundendienstes führte, den sich nur die größeren Banken leisten konnten[7]. Die übrigen Geldinstitute — Sparbanken, Sparinstitute der genossenschaftlichen Kreditgesellschaften und Handelsketten, Hypothekenbanken und die staatliche Postsparbank — üben nur einen Teil der Tätigkeit einer Geschäftsbank aus oder haben sich auf einen bestimmten Kundenkreis spezialisiert.

Das Hauptgewicht der Kreditfinanzierung liegt daher auf den wenigen Geschäftsbanken, deren Möglichkeiten, den Kreditwünschen ihrer Kunden nachzukommen, unter den Auswirkungen der Kriegsinflation stark gelitten haben[8]. Der Anteil der Geschäftsbanken am gesamten Kreditvolumen beträgt durchschnittlich 40 % (Sparkassen etwa 25 %,

---

[4] Vgl. Finnland stellt sich vor, deutschsprachiger Auszug aus: Mitä, Missä, Milloin, Helsinki 1962, S. 19.
[5] Vgl. K. Waris, Some features ..., a.a.O., S. 7; H. E. Pipping, The origin ..., a.a.O., S. 11; A. Karjalainen, Holz- und Volkswirtschaft, a.a.O., S. 59.
[6] Vgl. A. Karjalainen, a.a.O., S. 60.
[7] Vgl. G. Stjernschantz, Die Werbung der Geschäftsbanken, Referat beim II. Internationalen Bankseminar der AIESEC in Düsseldorf, veröffentlicht im Auswertungsbericht des Seminars vom Deutschen Komitee der AIESEC e. V., Köln 1962, S. 26—28.
[8] Vgl. R. v. Fieandt, Finnish joint stock banks ..., a.a.O., S. 6.

genossenschaftliche Kassen unter 20 %). Im Jahre 1954 finanzierten die Geschäftsbanken allein 54 % aller Industriekredite, 18 % der Baukredite, 57 % der Kredite für Handel und Verkehr sowie 11 % für die Landwirtschaft[9]. In der Ausführung dieser in der Nachkriegszeit so wichtigen Aufgabe der Kreditvermittlung waren die Banken aber nicht nur durch die restiktive Politik der Zentralbank, sondern auch durch die zögernde Entwicklung der Spareinlagen und einige Bestimmungen des Bankgesetzes von 1939 sehr behindert. Dieses Gesetz sah vor, daß die Verbindlichkeiten einer Bank zu mindestens zehn Prozent mit dem Aktienkapital plus Rücklagen gedeckt sein müssen. Die Einzelbestimmungen dieses Gesetzes sind zwar im Laufe der Jahre etwas gelockert worden, aber da die Kapitalbasis der Banken in den Kriegsjahren so schmal geworden war, stellte diese Vorschrift ein beträchtliches Hindernis für die Kreditfinanzierung dar[10]. Aus diesem Grund waren die Banken in der Nachkriegszeit mehrfach gezwungen, dem Kapitalmarkt Sparmittel zum Zwecke der Aufstockung des eigenen Aktienkapitals zu entziehen. Außerhalb des Bankensektors haben dann nur noch die Versicherungsanstalten sowie die staatliche Pensionsanstalt eine gewisse Bedeutung als Kapitalsammelstelle erhalten.

b) Die Machtverhältnisse

Ausschlaggebend für die Gestaltung der Geldpolitik sowie für ihren Erfolg waren nun die Beziehungen zwischen Regierung und Zentralbank sowie zwischen den Geschäftsbanken und der Bank von Finnland, wobei jetzt natürlich danach zu fragen ist, inwieweit die tatsächliche Entwicklung unter dem Eindruck der anfangs genannten Prämissen die verfassungsmäßigen Kompetenzen und Einflußmöglichkeiten der Institutionen des Geldwesens verändert hat. In diesem Zusammenhang muß man zunächst von der Konzentration von Aufgaben und Befugnissen auf die Zentralbank ausgehen, deren ohnehin schon starke Position als „Bank der Banken" durch die Übernahme der Außenhandelskontrolle noch weiter gefestigt wurde.

Da die Devisen für Importe letztlich von der Notenbank bewilligt oder abgelehnt wurden, hatte sie die Möglichkeit die Zusammensetzung des Imports weitgehend zu regulieren; „die Bank ist ermächtigt festzulegen, für welchen Zweck, in welchem Umfang, auf welche Weise und

---

[9] Vgl. J. Ilaskivi, The Finnish commercial Banks, MB 1956, No. 5; J. Linnamo, The structure and the distribution of credits to the private sector in Finland in 1948—1955, in: MB 1956, No. 10; J. J. Paunio, Die finnische Volkswirtschaft, a.a.O., S. 7.
[10] Vgl. O. Toikka, Die Eigenmittel der Geschäftsbanken und das Bankengesetz, in: Unitas 1959, No. 3, S. 123; Ders., Development in monetary capital in recent years, Unitas 1950; R. Kullberg, Penningmarknaden..., a.a.O., S. 45 und 60; ES 1950, S. 27.

zu welchem Zeitpunkt die Ausgabe von Devisen eingeschränkt werden oder Zahlungen sowie andere Transfers ins Ausland vorgenommen werden können[11]". Das bedeutet aber, daß die Bank neben der generellen Waffe der Diskontpolitik nun auch eine spezielle Waffe zur Kreditregulierung im Bereich des Importhandels besaß.

Auch durch ihre Funktion als Kreditgeber, durch die sie ja mit den Geschäftsbanken in Konkurrenz trat, konnte sie ihren geldpolitischen Vorstellungen mehr Gewicht verleihen. So vergab die Bank 1946 ca. 28 %/o ihrer Kredite an die Privatwirtschaft (dazu gehören allerdings auch die wirtschaftlichen Unternehmungen des Staates), 1949 waren es ca. 40 %/o, 1950 ca. 58 %/o und 1951 ca. 32 %/o[12]. Schließlich konnte die Bank immer als Sprachrohr der Regierung in Fragen der Geldwirtschaft gelten und so durch die Androhung gesetzlicher Maßnahmen die Durchsetzung ihres Standpunktes erzwingen, so wie es etwa zur Beilegung des sog. Zinskrieges von 1952, oder anläßlich der Einführung des Kassenreservenabkommens 1955 geschah. Viel häufiger waren jejedoch sicherlich die Fälle, in denen die Notenbank die Geldinstitute zu einer Antizipation ihrer Reaktion veranlaßte und so den offenen Ausbruch eines Konfliktes verhinderte[13].

Bei dieser auf den ersten Blick sehr starken Stellung der Zentralbank fragt es sich nun natürlich, inwieweit die Bank von Finnland in ihren Entscheidungen und politischen Schritten autonom war; so autonom etwa, daß sie ein Gegengewicht zu der inflationistischen Politik des Staates hätte bilden können.

Wie wir bereits sahen, bestand auf dem Gebiete der Personalpolitik über die Instanz der Bankbevollmächtigten eine Einflußmöglichkeit der politischen Parteien auf die Auswahl der Kandidaten für das Bankdirektorium. Wiederum nach dem Prinzip der Antizipation werden daher dem Staatspräsidenten nur solche Kandidaten vorgeschlagen worden sein, mit deren allgemeiner Annahme seitens der Parteien gerechnet werden konnte. Andererseits werden die Parteien nur solchen Kandidaten ihre Unterstützung gegeben haben, deren wirtschaftspolitische Konzeption mit den eigenen Vorstellungen vereinbar war, so daß auf diese Weise eine gewisse „Harmonisierung" zwischen der Notenbankpolitik und den grundsätzlichen, wirtschaftspolitischen Zielen der Parteien zustande kam[14]. Darüber hinaus waren aber auch die

---

[11] Bank von Finnland, Foreign Exchange Circular A/43 vom 27. 6. 1961, S. 1.
[12] Vgl. R. Kullberg, a.a.O., S. 37 und S. 40.
[13] Vgl. N. Meinander, Etthundra år ..., a.a.O., S. 108, S. 148 und 152.
[14] So sind die derzeitigen Direktoren Karjalainen und Simonen gleichzeitig auch Reichstagsmitglieder und die beiden Bankpräsidenten Tuomioja und von Fieandt tauschten 1953 bzw. 1957 ihre Ämter mit dem Posten des Ministerpräsidenten.

direkten, personellen Verbindungen der Bank zur Regierung sehr eng, da Mitglieder des Direktoriums zeitweise Ministerämter innehatten. So war z. B. der Notenbankpräsident Sakari Tuomioja Außen-, Finanz- und Handelsminister, während der Bankdirektor Ahti Karjalainen ebenfalls Außenminister und später sogar Ministerpräsident war.

Ganz abgesehen von diesen personellen Verflechtungen bestand seit 1939 außerdem eine direkte Abhängigkeit der Notenbank von der Regierung, und zwar durch die damalige Einführung von Schatzwechseln als sekundäre Deckungsmittel für die Währung. Nach dieser Regelung von 1939 galten nämlich Gold, Devisen und dreimonatige Inlandswechsel mit guten Sicherheiten als Deckung für Notenausgabe[15]. Ende 1945 machten diese Wechsel 92,7 % der gesamten Notendeckung aus, und es ist klar, daß es, solange diese Regelung galt, „für die Bank verhältnismäßig schwer war, einen kreditsuchenden Finanzminister abzuweisen"[16]. Die Bank gewann erst 1953, als diese Bestimmung aufgehoben und die schwebende Staatsschuld durch eine Anleihe von 25 Mrd. mk konsolidiert wurde, eine größere Bewegungsfreiheit zurück. So konnte sie sich dann während der Kassenkrise 1957 erfolgreich weigern, der Regierung mit Krediten auszuhelfen, da sie damals befürchtete, die Auswirkungen des Generalstreiks von 1956 noch zu verschlimmern und damit gleichzeitig ihre Vorbereitungen für die Abwertung zu gefährden[17]. Dennoch hat sich „das System der staatlich kontrollierten Wirtschaft so ausgewirkt, daß die Zentralbank in vielen Beziehungen von der Regierung abhängig ist"[18], und die schwache Stellung der Bank von Finnland gegenüber der Regierung erlaubte es ihr nicht, den finanzpolitischen Maßnahmen der Haushaltspolitik wirksam entgegenzutreten. Da sich nun die Regierungen in der Regel gegenüber dem Parlament selbst in einer durchweg schwachen Position befanden und zumeist gezwungen waren, sich den oftmals schwankenden Mehrheitsgruppierungen zu beugen, mußte die Zentralbank in ihrer Politik immer wieder Rücksicht auf das herrschende politische Klima nehmen, ganz abgesehen von den Fällen, wo ihr politische Beschlüsse gegen ihren Willen aufgezwungen wurden, wie etwa in der Frage der Diskontsätze in den Jahren 1949, 1951 und 1962.

Während also das Verhältnis der Notenbank zu den politischen Instanzen recht eindeutig war, gestalteten sich ihre Beziehungen zu den Geschäftsbanken etwas komplizierter. Teils gelang es nämlich der

---

[15] Vgl. YB 1943—1945, S. 39 und 49.
[16] N. Meinander, a.a.O., S. 105.
[17] Vgl. YB 1953, S. 23; ES 1953, S. 49; N. Meinander, a.a.O., S. 105; B. Suviranta, Währungspolitik ..., a.a.O., S. 135; C. E. Knoellinger, Labor ..., a.a.O., S. 206.
[18] A. Karjalainen, a.a.O., S. 59.

Bank durch das Gewicht und die Autorität ihrer führenden Persönlichkeiten wie aber auch durch den Zwang ihrer geldpolitischen Maßnahmen, die Geschäftsbanken zu einem von ihr als richtig empfundenen Verhalten zu bewegen; teilweise vermochten sich die Banken dem Zugriff der geldpolitischen Instrumente zu entziehen. Die Grundsituation jedoch, die das Verhältnis zwischen Notenbank und Geschäftsbanken kennzeichnet, ergab sich daraus, daß die Banken als die bedeutendste Kreditvermittlungsinstanz die Befriedigung der in der Nachkriegszeit enorm hohen Kreditnachfrage als eine Notwendigkeit ansahen, während die Bank von Finnland ihre vornehmste Aufgabe in einer strengen Kontrolle der Kreditvergabe sah. Dies führte zu einem etwas gespannten Verhältnis zwischen den beiden Instituten, zumal sich die Kreditpolitik der Zentralbank nach 1951 fast ausschließlich gegen die Geschäftsbanken richtete.

Das „klassische" Instrument der Zentralbank und gleichzeitig ihre schärfste Waffe, die Diskontpolitik, hat in der Nachkriegszeit kaum eine Rolle gespielt, nachdem die Bank bereits 1949 dem Willen der politischen Parteien nachgegeben und den kurz zuvor erhöhten Diskontsatz wieder gesenkt hatte und nachdem sie 1951, ebenfalls aus politischen Gründen, endgültig „den Zinsmechanismus aus dem Griff verlor"[19]. Erst nach der Abwertung von 1957 versucht sie, sehr zaghaft die Zinspolitik wieder ins Spiel zu bringen, mußte aber auch dann (1962) wieder vor den Parteien zurückweichen. Aber ganz abgesehen davon hat die Bank auch in den Jahren 1947 bis 1950 keine aktive Zinspolitik betrieben, sondern sich offenkundig darauf beschränkt, den herrschenden Geldmarktzins zu „konstatieren"[20]. 1947 ging ihrer Entscheidung nämlich eine Zinserhöhung der Geschäftsbanken voraus, für die sich damit der Rediskont verbilligte, während auf der anderen Seite die direkten Kreditkunden der Notenbank ihre Kredite nun billiger als die übrigen Kreditnehmer bekamen. Erst daraufhin reagierte die Bank von Finnland mit einer Diskonterhöhung[21]. 1950 waren es dann die Versicherungsgesellschaften, die mit der Erhöhung ihrer Kreditzinsen den Anfang machten. Die Geschäftsbanken schlossen sich diesem Schritt an, und die Bank von Finnland „hatte keine Möglichkeit, sie daran zu hindern"[22].

Obwohl der Zinseffekt ohnehin heute viel von seiner Durchschlagskraft verloren hat[23] und seine Wirksamkeit als Regulator während einer Inflation noch fraglicher wird, mißt B. Suviranta der Signal-

---

[19] N. Meinander, a.a.O., S. 107.
[20] Vgl. G. Schmölders, Geldpolitik, a.a.O., S. 199—200.
[21] Vgl. YB 1947, S. 19.
[22] N. Meinander, a.a.O., S. 106.
[23] Vgl. G. Schmölders, a.a.O., S. 204.

wirkung einer Zinserhöhung dann einen hohen „strategischen" Wert bei, wenn sie zu einem Zeitpunkt vorgenommen wird, zu dem die Inflation schwächer wird. „At that very point, the adaption of higher rates of interest is a significant token that the anti-inflationary policy is meant to be carried out ... The higher rates then (1947/1948) applied had a distinctly benefical effect on the money market and price development. Unfortunately, for political reasons, the rates were lowered again too soon (1949) and the whole attempt at stabilisation foundered once the forces of inflation were again released[24]." Nach 1951 gewann dann die Handhabung der Rediskontbedingungen immer mehr an Bedeutung. „At it was not considered possible, for political reasons, to alter the rates of interest, as the classical monetary policy would have called for, the Bank of Finland endeavoured to guide the credit market ... partly by changing the regulations for rediscounting and partly by carefully watching the loans granted for various purposes[25]." Allerdings zeigte sich hierbei sehr bald, daß die Geschäftsbanken vielfach nicht gewillt waren, ihr Kreditvolumen einzuschränken, obwohl die Refinanzierung für sie teilweise zu einem Verlustgeschäft wurde. Außerdem hatte die Rediskontpolitik den Nachteil, „die Kreditzinsen (an der Höchstgrenze) zu blockieren ... obwohl eine Differenzierung oft wünschenswert wäre"[26]. Damit bestand nun praktisch überhaupt keine wirksame Möglichkeit mehr, die Signalwirkungen der Kreditverteuerung, bzw. der -verbilligung noch ins Spiel zu bringen.

Als Ergänzung zu diesen Maßnahmen der quantitativen Kreditkontrolle trat dann die qualitative Kontrolle hinzu, und zwar ursprünglich „um die ‚cheap money'-Politik zu unterstützen ... in der Hoffnung, die knappen Geldmittel für Produktionsvorhaben, die eine rasche Zunahme des Warenangebots bewirken würden, und für lebenswichtige Investitionen reservieren zu können"[27]. Im Rahmen dieser Politik sollte vor allem die übersteigerte Importnachfrage gedämpft und Exportprojekte gefördert werden. „Die Wirksamkeit dieser kreditpolitischen Schulmeisterei muß doch bezweifelt werden ... es ist oft unmöglich, im Detail festzulegen, wie das Geld verwendet wird, da ja jedes Unternehmen eine Einheit bildet, die über ihre Kasse eine ganze Reihe verschiedenartiger Vorhaben finanziert[28]." Später wurde die selektive Kreditkontrolle dann auch im Rahmen der staat-

---

[24] B. Suviranta, Some aspects ..., a.a.O., S. 92; vgl. auch R. Kullberg, a.a.O., S. 216.
[25] A. E. Tudeer, The Bank of Finland in 1952, in: MB 1953, No. 1—2, S. 25.
[26] K. Waris, Some features ..., a.a.O., S. 7.
[27] YB 1946, S. 15; vgl. auch YB 1947, S. 19.
[28] N. Meinander, a.a.O., S. 109.

III. Der Bankensektor

lichen Arbeitsbeschaffung eingesetzt, „wobei den Investitionskrediten, die eine Beschäftigungszunahme im Gefolge hatten, die Prorität zuerkannt wurde"[29]. Auch dieses Instrument war wiederum hauptsächlich gegen die Geschäftsbanken gerichtet, „da man die standardisierten Plazierungsgewohnheiten der übrigen Kreditinstitute leichter überschauen konnte"[30].

Damit ist die Liste der herkömmlichen geldpolitischen Instrumente bereits erschöpft, denn für eine Mindestreservenpolitik fehlt in Finnland die gesetzliche Grundlage, und eine Offenmarktpolitik ist aufgrund des unterentwickelten Kapitalmarktes niemals in nennenswertem Umfang betrieben worden[31]. Daher versuchte die Bank, ihr Arsenal durch eine Reihe von Improvisationen zu ergänzen. Die Einführung des Kassenreservenabkommens begründete die Bank 1955 mit der Notwendigkeit, der fortschreitenden Kreditexpansion Einhalt gebieten zu müssen. T. Junnila meint dagegen:

„One of the real reasons for the introduction of the cash reserve system ... was perhaps simply that this relatively new weapon of monetary policy had been applied elsewhere and Finnish authorities wanted to try it out in our circumstances. They did not stop to consider whether our circumstances are perhaps in some respects so different from those in other countries that the introduction of this novelty would not yield the desired results"[32].

Tatsächlich war die Wirkung dieser Maßnahme so gering, daß die Warnung vor der Beunruhigung des Kreditmarktes, die durch solche sporadischen und kurzfristigen Eingriffe ausgelöst werden kann, schwerer wiegen muß als der recht geringe Stabilisierungseffekt, der von der Stillegung der Mittel ausging. Denn 1955 machte der erwähnte Anstieg des Rediskontvolumens um das Zehnfache diese Maßnahme praktisch zunichte, so daß die Notenbank nach dem Generalstreik die eingefrorenen Beträge — Höchststand 7 Mrd. mk — zurückzahlte, „womit sie tatsächlich anerkannte, daß ihre Politik in diesem Fall fehlgeleitet war"[33]. 1962 veranlaßte dann die infolge der aufkommenden Inflationsfurcht zurückgehende Einlagenentwicklung die Zentralbank dazu, das Abkommen vorzeitig zu kündigen und die Mittel wieder an die Banken zurückzugeben, um damit gleichzeitig die nachlassende Investitionslust wieder anzuregen.

---

[29] ES 1950, S. 19.
[30] N. Meinander, a.a.O., S. 109.
[31] Vgl. K. Waris, Some features ..., a.a.O., S. 7; A. Karjalainen, a.a.O., S. 60.
[32] T. Junnila, Have the remedies adopted in our monetary policy been correcty chosen?, in: KOP 1956, No. 3, S. 94; vgl. auch K. Waris, Some features ..., a.a.O., S. 7; Ders., Entwicklungsprobleme der finnischen Wirtschaft, in: Kieler Vorträge, Neue Folge 20, Kiel 1962, S. 10; YB 1955, S. 20; YB 1956, S. 21; MB 1955, No. 3, Market Review.
[33] T. Junnila, Have the remedies ..., a.a.O., S. 95.

Ganz ähnlich verlief der Versuch mit den Importlizenzdepositionen, die, ebenfalls 1955 eingeführt, 1956 schon wieder aufgelöst wurden, nachdem sich hier rund 9 Mrd. mk angesammelt hatten[34].

Schließlich gehören auch noch die Exportabgaben, die 1955 erstmals und 1957 im Zusammenhang mit der Abwertung erneut angewandt wurden, in diesen Katalog der Improvisationen. An sich war die Zielrichtung dieser beiden Maßnahmen schon richtig gewählt, aber daß ihr Effekt sonderlich groß war, müssen wir bezweifeln, da sie einerseits nur einen relativ kleinen Ausschnitt des gesamten Inflationsprozesses betrafen und da andererseits gerade im Außenhandelsgeschäft durch die Veränderung der Zahlungsziele oder über die Einrichtung von Kreditlinien bei ausländischen Banken vielfältige Möglichkeiten bestehen, solchen Restriktionen auszuweichen.

Eine ganz spezielle Maßnahme, die eigentlich nicht dem Instrumentarium der Zentralbank zugerechnet werden kann, sondern eher eine Selbsthilfe der Geldinstitute zum Ausgleich der fehlenden Zinspolitik und Zinsdifferenzierung darstellt, war die Verwendung der Indexklausel im Bankgeschäft. Sie war ja schon seit 1948 im Gespräch und wurde schließlich 1954 von den meisten Geldinstituten angewandt. Die Indexbindung bedeutete hier, daß für Einlagen auf den sog. I-Konten ein Ausgleich für die während der Einlagezeit eingetretene Steigerung des Lebenshaltungskostenindexes gezahlt wurde, während sich die Kreditkosten ebenfalls mit dem Anstieg des Indexes verteuerten. Die Geschäftsbanken hatten sich zunächst geweigert, die Indexklausel zu übernehmen, „aber nach und nach ließ der Konkurrenzkampf um die Sparer diesen Widerstand erlahmen"[35].

Die Bank von Finnland war an dieser Einrichtung nicht direkt beteiligt, „aber ihr Chef, Minister von Fieandt, war doch die treibende Kraft hinter den Kulissen"[36]. Die Vorteile, die man sich von der Anwendung der Indexklausel versprach, waren einmal der Schutz der Banken vor einem Run bei einer erneuten Inflationswelle, da man so die direkte Kapitalflucht aus den Banken verhindern und dem Publikum die Ausweichmöglichkeit der I-Konten anbieten konnte. Zum anderen glaubte man, auf diese Weise eine Begrenzung der Kreditnachfrage erreichen zu können. Als Nachteile ergaben sich eine Unsicherheit über die endgültige Höhe der Kreditkosten, die Möglichkeit

---

[34] Vgl. YB 1955, S. 20; YB 1956, S. 21; R. Rossi, The Bank of Finland in 1955, in: MB 1956, No. 1, S. 18.
[35] T. Junnila, Finland introduces the index clause ..., a.a.O., S. 174; vgl. auch M. Virkunen, Deposit accounts with an index clause, in: KOP 1955, No. 2, S. 60; K. Tilli, Indexsystemet i våra penninginstitut, in: EST 1962, No. 2, S. 88—89.
[36] N. Meinander, a.a.O., S. 109.

der Weiterwälzung zusätzlicher Zinskosten auf die Konsumenten und die Gefahr einer Inflationsbeschleunigung. „Da durch die Indexklausel eine tatsächliche Zinserhöhung erst eintrat, nachdem die Preise gestiegen waren, gab diese Maßnahme eher Anlaß zu einer Akzeleration der Inflation[37]."

Mit der Einführung der Indexklausel im Bankgeschäft erreichte der Indexautomat seine größte Ausdehnung.

„Under the conditions prevailing in Finland even such measures (Indexsicherung des Kapitals) changed character and became inflationary. As a result of rendering money dearer, they tended to raise short-run cost of production, and led, in turn, to rising prices and indirectly to rising wages and rising farmers incomes"[38].

Die Indexbindung erwies sich schließlich weder als ein geeignetes Mittel zur Regulierung der Kreditnachfrage, noch konnte sie im Einlagengeschäft eine wirkliche Bedeutung erlangen. Sie führte allerdings dazu, daß sich im Laufe der Zeit praktisch zwei verschiedene Währungen herausbildeten. „Die eine war die von der Bank von Finnland emittierte ‚Notenmark', die in allen wirtschaftlichen Operationen Anwendung fand, in denen eine andere Verfahrensweise nicht zulässig war. Die andere Währung war die ‚Indexmark', die in zunehmendem Umfang bei allen längerfristigen Abmachungen verwendet wurde[39]."

Alles in allem ergibt dieser kurze Überblick den Eindruck, daß die Stellung der Bank von Finnland sowohl gegenüber dem Staat, als auch gegenüber den Geschäftsbanken relativ schwach ist, denn einerseits sah sie sich dem Einfluß der politischen Parteien ausgesetzt und andrerseits war ihr geldpolitisches Instrumentarium so lückenhaft, daß der Erfolg ihrer Politik zumeist von der Fairness der Geschäftsbanken und dem Verlauf der Konjunkturentwicklung abhing.

2. Das Dilemma der finnischen Geldpolitik

Aus dieser eben geschilderten Situation entsprang nun im Zusammenwirken mit den anfangs genannten Grundvoraussetzungen des Geldwesens das Dilemma der Geldpolitik, in dem sich die Zentralbank einerseits in ihrem Aktionsspielraum eingeengt sah und ihr andrerseits durch Entwicklungen außerhalb ihres Einflußbereiches der Zwang zu bestimmten Handlungen und Reaktionen auferlegt wurde. Aus der Sicht der Bank läßt sich dieses Dilemma durch zwei grundsätzliche

---

[37] K. Tilli, a.a.O., S. 94; vgl. auch ibid., S. 93; T. Junnila, Finlands introduces ..., a.a.O., S. 175.
[38] B. Suviranta, Wage-inflation..., a.a.O., S. 260.
[39] K. Tilli, a.a.O., S. 95; vgl. auch N. Meinander, a.a.O., S. 110.

Frontstellungen, aus denen heraus sie ihren Kampf um die Geldwertstabilität führen mußte, beschreiben.

Die Stellung der Bank von Finnland gegenüber den politischen Kräften des Landes ist umrissen durch ihre personelle und geldpolitische Abhängigkeit von den Trägern der politischen Willensbildung und Entscheidung, also von Parlament und Regierung. Die Folgen, die sich hieraus für die Notenbankpolitik ergaben, bestanden darin, daß die Bank erstens auf Maßnahmen zur Bekämpfung der Budgetinflation praktisch verzichten mußte. Ganz im Gegenteil sah sie sich genötigt, durch wiederholte Kredite an den Staat zum Ausgleich von Budgetdefiziten[40] ihre eigene Politik der Kreditrestriktionen zu desavouieren.

„Wenn beide Instanzen (Geld- und Finanzpolitik) in verschiedene Richtungen ziehen, muß sich die Zentralbank in unserem heutigen Milieu mit der anspruchsloseren Aufgabe begnügen, auszugleichen und zu verzögern ... Der wirtschaftliche Einfluß des Staates als Unternehmer und als regulierende Instanz hat ständig zugenommen und im gleichen Ausmaß ist die Wirksamkeit der traditionellen Zentralbankinstrumente abgestumpft"[41].

Das bedeutete aber, daß sich die Bank die Bekämpfung einer der Hauptquellen der Inflation versagen mußte, daß sie also weder die preissteigernden Wirkungen finanzpolitischer Maßnahmen noch die negativen Effekte der Budgetpolitik auf die Kapitalverteilung verhindern konnte. Ferner konnte die Bank nicht auf gesetzliche Maßnahmen zur Stärkung ihres geldpolitischen Arsenals rechnen, wie die jahrelange Diskussion um eine gesetzliche Mindestreservenpflicht gezeigt hat. Man war auf Seiten der Regierung sogar der Ansicht, daß „das geltende, ziemlich ausgedehnte und stramme Reglementierungssystem bisher in weitem Umfang die herkömmlichen geldpolitischen Maßnahmen ersetzen konnte"[42]. So mußte die Bank dann gar unter politischem Druck auf die starke Waffe der Diskontpolitik verzichten, und verlor damit die Möglichkeit, die „subjektive Liquidität durch Zinssignale"[43] wirksam zu beeinflussen. Sie war daher nicht in der Lage, ihre geldpolitischen Vorstellungen im Bankensektor wirklich effektvoll durchzusetzen, sondern blieb auf den Versuch angewiesen, ihren relativ schwachen Instrumenten durch das Gewicht ihrer Autorität und durch Improvisationen stärkere Geltung zu verschaffen. Schließlich hatte die Bank keine Möglichkeit, sich der staatlichen Lohnpolitik entgegenzustemmen, „denn die Regierungen waren gegen den politischen Druck in Lohnfragen äußerst allergisch"[44]. Damit entfiel

---

[40] Vgl. H. Valvanne, Public finance in a quandary, in: KOP 1955, No. 2, S. 81—82.
[41] N. Meinander, a.a.O., S. 156; vgl. auch J. Åkerman, An institutional ..., a.a.O., S. 7—9; T. Junnila, Have the remedies ..., a.a.O., S. 98.
[42] ES 1954, S. 39.
[43] Vgl. G. Schmölders, Geldpolitik, a.a.O., S. 89—95, S. 103 und 197—205.
[44] K. Waris, Entwicklungsprobleme ..., a.a.O., S. 8.

der Einsatz der Geldpolitik gegen die zweite wichtige Quelle der Inflation, denn besonders in den ersten Nachkriegsjahren galt die Devise: Produktionsfrieden auf Kosten des Geldwertes[45].

Diese Begrenzungen des Aktionsradius der Zentralbank betrafen jedoch im wesentlichen nur den Bereich der „unmittelbaren Zielsetzungen der Geldpolitik"[46]. Darüberhinaus folgten aus dem Abhängigkeitsverhältnis der Bank von der Regierung auch noch eine Reihe geldpolitischer Konsequenzen, die in den „heteronomen Aufgaben"[47], in deren Dienst die Geldpolitik gestellt wurde, begründet sind. Hierunter fällt die Alleinverantwortung der Bank von Finnland für den Ausgleich der Zahlungsbilanz und damit auch für die Wechselkursparitäten, „da der Zahlungsbilanzaspekt von der Finanzpolitik bisher stets vernachlässigt worden ist"[48]. Hier stand die Geldpolitik eindeutig im Bann binnenwirtschaftlicher Zielsetzungen, bei denen konjunktur- und beschäftigungspolitische Erwägungen den Vorrang vor „jeglicher Rücksichtnahme auf den Geldwert"[49] hatten. Die „Abriegelung der einheimischen Währung von allen Einflüssen der Zahlungsbilanz"[50] war ja schon in der Kriegszeit vollzogen worden und wurde auch — von geringfügigen Ausnahmen abgesehen — konsequent bis zur Abwertung 1957 beibehalten. „Ein derartiges System setzt aber voraus, daß dem inneren Gleichgewicht auch weiterhin ein Vorrang vor dem äußeren zuerkannt wurde[51]." Das bedeutete für die Bank dreierlei, nämlich erstens, daß sie die Gefahr überhöhter Liquidität im Exportsektor während eines Ausfuhrbooms abzuwenden, daß sie zweitens für die Aufrechterhaltung einer ausreichenden Devisenreserve zu sorgen und daß sie drittens die wegen der inneren Inflation stark überbewerteten Finnmarkkurse solange als irgend möglich zu verteidigen hatte. Obwohl die Befugnisse der Bank auf dem Gebiet der Valutapolitik sehr weitreichend waren, hing doch der Erfolg ihrer Maßnahmen zum großen Teil von der Eigenliquidität der Geschäftsbanken ab[52], bei denen sich die Abwicklung des Außenhandelsgeschäfts konzentrierte. Aus diesem Zusammenhang wird das Motiv und die Zielrichtung der Importlizenzpositionen und der Exportabgaben deutlich, mit deren Hilfe einerseits der Import beschränkt und andrerseits der Liquiditätsüberschuß in der Exportindustrie abgeschöpft

---

[45] Vgl. F. Valros, Finland efter ..., a.a.O., S. 57; C. E. Knoellinger, Supply of capital ..., a.a.O., S. 31.
[46] Vgl. G. Schmölders, a.a.O., S. 174.
[47] Vgl. ibid., S. 187—194.
[48] K. Waris, Some features ..., a.a.O., S. 7.
[49] G. Schmölders, a.a.O., S. 188.
[50] Ibid., S. 189.
[51] B. Suviranta, Währungspolitik ..., a.a.O., S. 131; vgl. auch ES 1954, S. 18.
[52] Vgl. N. Meinander, a.a.O., S. 120.

werden sollte. Nach 1957 änderte sich dieses Konzept der Zentralbankpolitik nicht grundsätzlich, nur die Möglichkeiten der Durchführung wurden geringer, teils, weil der Import weitgehend liberalisiert wurde, teils auch, weil 1958 die Finnmark im Westhandel unbeschränkt konvertierbar wurde. Die Bank konnte daher den Zahlungsbilanzausgleich nur noch über die Verschärfung der Kreditbedingungen erreichen. „Die Sorge um die Zahlungsbilanz und die Valutareserven war das vielleicht wichtigste Motiv für die restriktive Politik der Bank von Finnland während der letzten Jahre[53]."

Eine weitere heteronome Aufgabe, die der Geldpolitik übertragen wurde, war der Einsatz der qualitativen Kreditkontrolle im Rahmen der staatlichen Beschäftigungspolitik. Dadurch nahm die bereits mit der Budgetpolitik begonnene Verwendung von Kapitalresourcen für verhältnismäßig unproduktive Investitionen oder gar zu konsumtiven Zwecken über die Geldpolitik noch größeren Umfang an. Die Investitionsmöglichkeiten der Privatwirtschaft wurden zusätzlich beschnitten. Daß hier weitgehend politische Gründe ausschlaggebend waren, wurde in dem Abschnitt über die Notstandsarbeiten dargelegt. Die Bank stand damit vor dem Zielkonflikt zwischen dem Ausgleich der Zahlungsbilanz und der Aufrechterhaltung der Vollbeschäftigung; „dieser Konflikt zwischen den beiden Zielen ist das größte Dilemma für die Geldpolitik"[54].

Schließlich gelang es der Bank unter diesen politischen Voraussetzungen auch nicht auf dem einzigen heteronomen Aufgabengebiet, dem sie sich mit voller Berechtigung hätte widmen können und müssen, einen durchschlagenden Erfolg zu verzeichnen, nämlich bei dem Ziel, die Kapitalknappheit durch Heranziehung ausländischen Investitionskapitals zu mildern. Dem stand und steht bis heute noch eine aus Autarkiebestrebungen und der Angst vor Kapitalüberfremdung geborene auslandskapital-feindliche Gesetzgebung entgegen[55]. Die Bank konnte daher lediglich eine Reihe ausländischer Warenkredite aushandeln, die aber das Grundproblem des Kapitalmangels nicht lösten.

„Die Antwort auf die Frage, was die Geldpolitik alles hätte erreichen müssen, kann man nur politisch formulieren, und den politischen Realitäten maß man mehr Gewicht bei als den ökonomischen"[56].

---

[53] R. Kullberg, Betalningsbalans och penningpolitik, in: EST 1964: II, S. 96.
[54] Ibid., S. 106.
[55] Ein Beispiel hierfür ist die ASEA-Affäre vom Sommer 1964, als die schwedische Firma ASEA mit der finnischen Firma Strömberg eine gegenseitige Aktienbeteiligung vereinbaren wollte, was vom Reichstag abgelehnt wurde. (Vgl. „Över gränserna eller inte", Hufvudstadsbladet vom 31. 5. 1964 und „Hålla vakt mot allt främmande kapital", Hufvudstadsbladet vom 8. 7. 1964.)
[56] N. Meinander, a.a.O., S. 106.

Die Frontstellung der Bank von Finnland gegenüber den Geschäftsbanken ist im wesentlichen durch die Zwangslage gekennzeichnet, die sich aus der Notwendigkeit hoher Investitionen und damit der Notwendigkeit, die Spartätigkeit zu fördern, und dem Gebot, eine Kreditinflation zu verhindern, ergab. Die Ursachen, die dem außergewöhnlich hohen und anhaltenden Kreditbedarf der Wirtschaft zugrundelagen, waren im einzelnen[57]:

1. der Nachholbedarf an Ersatzinvestitionen,
2. der Zwang zu ausgedehnten Neuinvestitionen (besonders in der Reparationsindustrie und im Bausektor),
3. ständig steigende Produktionskosten, als Folge der Lohnpolitik,
4. geringe Selbstfinanzierungsmöglichkeiten der Wirtschaft, als Konsequenz der hohen Besteuerung,
5. steigender Importbedarf,
6. Inflationsfurcht.

Die Kapitalbasis für die Befriedigung dieser Kreditnachfrage war jedoch sehr schmal, nicht nur wegen der allgemeinen Kapitalknappheit Finnlands und der Kriegsschäden, sondern ebensosehr aufgrund der äußerst schwachen Spartätigkeit. Als Gründe für den fehlenden Sparwillen lassen sich feststellen[58]:

1. die Inflationsfurcht in der Bevölkerung, ausgelöst durch Lohnerhöhungen,
2. hohe Besteuerung des Sparkapitals,
3. die wirtschaftliche Schwächung des Mittelstandes (aufgrund der Lohn- und Steuerpolitik) und
4. das Fehlen der Spargewohnheiten in den Kreisen, in denen sich das Einkommen vergrößert hatte.

In diesen verschiedenen Ursachen für das Fehlen eines Gleichgewichtes am Kapitalmarkt werden einige der negativen Auswirkungen der staatlichen Budget- und Lohnpolitik deutlich. Als wichtigster Effekt ist in diesem Zusammenhang sicherlich das erschütterte Geldwertvertrauen der Bevölkerung zu vermerken, dessen direkte Verbindung sowohl zum Sparwillen als auch zur staatlichen Politik beispielsweise klar zutage trat, als 1951 im Zuge des wirtschaftlichen Burgfriedens und der Inflationsberuhigung die Spartätigkeit spontan

---

[57] R. v. Fieandt, Inflationens grundorsak och förutsättningar för ekonomisk stabilisiering, in: Nordiska Föreningsbankens Månadsrapport August 1951, No. 14; K. Waris, The disturbance in the equilibrium ..., a.a.O., S. 45; ES 1950, S. 23; ES 1951, S. 22; ES 1953, S. 48—49.
[58] Vgl. YB 1943—45 bis 1950, Abschnitt: Money Market; A. Karjalainen, a.a.O., S. 60.

auflebte[59]. Neben diesem generellen Effekt werden aber auch die Auswirkungen der verschiedenen Einzelmaßnahmen, wie etwa der konfiskatorischen Besteuerung, der Einkommensumverteilung und der dauernden Lohnerhöhungen, sichtbar.

Da weder das Sparkapital noch der Wertpapiermarkt, der „in Finnland keine besondere Bedeutung hat"[60], in der Lage waren, den Investitionsbedarf zu decken, blieb als Ausweg nur noch die Kreditfinanzierung der Banken. Aus dieser Gegebenheit wird der konzentrierte Einsatz geldpolitischer Mittel gegen die Geschäftsbanken verständlich. Als Konsequenz dieser Konzentration der Kreditrestriktionen auf die Geschäftsbanken war der Erfolg der geldpolitischen Maßnahmen im wesentlichen durch die Möglichkeiten der Banken, sich dem Einfluß der Zentralbank zu entziehen, bestimmt. Hierin liegt sicherlich eine Erklärung für die relativ geringe Durchschlagskraft der Notenbankpolitik, deren einzige, durchgehend eingesetzte Waffe in der Kreditpolitik die Rediskontbestimmungen waren. Da aber die Liquidität der Banken in Zeiten des konjunkturellen Aufschwungs aufgrund der reichlich fließenden Exporteinkünfte so gut war, daß ein Rückgriff auf die Refinanzierung bei der Zentralbank kaum notwendig war, konnte dieses Instrument gerade dann nicht „greifen".

In Zeiten, in denen die Eigenliquidität der Banken weniger gut war, konnten aber selbst die hohen Strafzinsen die Banken nicht von der Rediskontierung abhalten, wie der bereits erwähnte Anstieg des Rediskontvolumens von 2,4 Mrd. mk auf 27 Mrd. mk, zur Zeit des Kassenreservenabkommens und der Importlizenzdepositionen, zeigt.

„Die Bank von Finnland dürfte eine der allerschwächsten Zentralbanken in Europa sein, vor allem wenn es darum geht, die Kreditpolitik der Geldinstitute zu überwachen und zu beeinflussen"[61].

Trotzdem entschloß sich die Bank, da sie die Ursachen des Ungleichgewichts am Kapitalmarkt nicht beeinflussen konnte, den Weg einer streng restriktiven Kreditpolitik zu beschreiten, um so zu versuchen, wenigstens die inflationistischen Wirkungen, die sie einer zu starken Ausweitung des Kreditvolumens zuschrieb, einzudämmen. Die Folge dieser Politik war, daß „der wirtschaftliche Umwandlungsprozeß verlangsamt wurde, nicht im Vergleich dazu, wie er bei einer zurückhaltenden Geldpolitik während einer Inflation verlaufen wäre, sondern vielmehr im Vergleich zu dem Fall, wo das Inflationsproblem gar nicht vorhanden gewesen wäre"[62].

---

[59] Vgl. YB 1951, S. 14.
[60] A. Karjalainen, a.a.O., S. 60.
[61] R. Kullberg, a.a.O., S. 152; vgl. auch ES 1954, S. 17.
[62] E. Dahmén, Ekonomisk utveckling..., a.a.O., S. 69.

Genau den gleichen Effekt wie die quantitative hatte auch die qualitative Kreditkontrolle, da ihr Einsatz zum Zwecke der Arbeitsbe-Bevorzugung des Exports hier den Anreiz zu höherer Veredelungsschaffung kapitalintensive Investitionen benachteiligte, während die produktion abschwächte und andererseits die alten und großen Firmen bei der Importquotenzuteilung gegenüber neuen und kleineren Firmen wiederum bevorzugt waren. Außerdem verstärkte die Forderung, Kredite möglichst für sich schnell liquidierende Projekte zu geben, die Tendenz zu verkürzten Kreditlaufzeiten, die aufgrund der schwachen Spartätigkeit und infolge des Übergewichts der Sichteinlagen ohnehin schon vorhanden war[63].

Wir können also insgesamt feststellen, daß sich die Bank von Finnland tatsächlich in einer Zwangslage befand, da ihre Stellung gegenüber den politischen Instanzen es ihr nicht erlaubt, die Inflationspolitik der Regierungen und der Gewerkschaften anzuprangern und zu bekämpfen. Außerdem hatte sie bei ihrem unzureichenden geldpolitischen Instrumentarium nicht die Möglichkeit, die Geschäftsbanken in Zeiten einer wirklichen Gefährdung des Geldwertes wirksam zu kontrollieren.

„Wenn das Kreditwesen gezwungen wird, unter dem Druck einer sehr harten Geldpolitik zu arbeiten, die zweifelsohne zur Begrenzung des Inflationstempos beigetragen, aber gleichzeitig zu einer anormalen Kreditbeschränkung und zu einer Schädigung des Kapitalmarktes geführt hat, dann haben sich damit die Möglichkeiten für neu entstehende und kleine Unternehmen mit potentieller Entwicklungskraft beträchtlich verschlechtert, während ältere und größere Unternehmen weniger in Mitleidenschaft gezogen werden. Nicht zuletzt ist auch die rationelle Entwicklung des Handels durch die Verhältnisse am Kapitalmarkt und im Kreditwesen gehemmt worden"[64].

Unter diesen Voraussetzungen schlugen dann die Maßnahmen der Bank vielfach in das Gegenteil dessen um, was beabsichtigt war, und trugen zur Förderung der Inflation bei. Selbst nachdem der Indexautomatismus und die Wirtschaftsreglementierung aufgehoben waren, blieb dieses Dilemma der Zentralbankpolitik weiterbestehen, da die zu seiner Überwindung notwendigen Reformen der institutionellen und machtpolitischen Grundzüge der finnischen Geldpolitik nicht verwirklicht wurden.

3. Das theoretische Konzept der finnischen Notenbankpolitik

Einen für die Beurteilung der Geldpolitik in Finnland sehr wichtigen Gesichtspunkt müssen wir der Analyse noch anfügen, und zwar die These, daß das Konzept der geldpolitischen Maßnahmen in der ge-

---

[63] Vgl. R. Kullberg, a.a.O., S. 209.
[64] E. Dahmén, a.a.O., S. 70.

samten Nachkriegszeit von unzutreffenden wirtschafts- und geldtheoretischen Anschauungen bestimmt war. Diese Hypothese zu bekräftigen, enthält naturgemäß einige Schwierigkeiten, da ein ausdrücklich formuliertes Programm der Geldpolitik nicht vorliegt. „Mehr oder minder deutlich ausgedrückt, waren die Ziele während der Nachkriegszeit doch im großen und ganzen die gleichen wie in den meisten anderen Ländern, nämlich absolute Vollbeschäftigung, stabiler Geldwert und feste Wechselkurse. Aber als man merkte, daß sie teilweise unvereinbar miteinander waren, hat man bei uns, wie auch andernorts, das erste der Ziele, Vollbeschäftigung, dem zweiten, der Geldwertstabilität, vorgezogen[65]."

Um nun eine Aussage über das Konzept der finnischen Geldpolitik machen zu können, müssen wir versuchen, es anhand einiger Indizien zu identifizieren, um es dann an theoretischen Überlegungen messen und beurteilen zu können. Als erstes Indiz kann uns dabei das „sedelklippning" dienen, das mit der Notwendigkeit, „überschüssige Kaufkraft durch Herabsetzen des Notenumlaufes zu binden" und „der Hoffnung, auf diese Weise den Geldwert zu stabilisieren", begründet worden war[66]. Die Kausalität, die hier offensichtlich zwischen dem Notenumlauf und der Inflation gesehen wird, deutet bereits auf die Lehren der Quantitätstheorie hin, „die im Verhältnis der Geldmenge zur umsetzenden Gütermenge den hauptsächlichen Bestimmungsgrund des Geldwertes oder der Kaufkraft des Geldes erblickt" und glaubt, „daß die Menge des umlaufenden Geldes in entscheidender Weise die Kaufkraft des Geldes beeinflußt... Ereignen sich jene schweren Erkrankungen des Geldes, die wir als Inflation... bezeichnen, so werden wir ihre Ursachen in einer starken Vermehrung... der Geldmenge zu suchen haben, wobei wir zur Geldmenge immer das Kreditgeld hinzuzurechnen haben. Das wichtigste Erfordernis eines geordneten Geldwesens ist also die Knapphaltung der Geldmenge gegenüber den immer auf Lauer liegenden Inflationstendenzen"[67]. So paßt denn auch die restriktive Kreditpolitik der Bank von Finnland in dieses Konzept, da sie ja der Forderung nach strenger Begrenzung der Geldmenge entspricht. Ihre direkte Bezugnahme auf die Manipulation des Geldumlaufes kommt in den Berichten der Bank klar zum Ausdruck, in denen immer wieder der Effekt betont wird, den geldpolitische Maßnahmen auf die Reduzierung der Geldmenge gehabt haben[68].

---

[65] R. Kullberg, a.a.O., S. 153.
[66] YB 1943—45, S. 19.
[67] W. Röpke, Die Lehre von der Wirtschaft, Stuttgart 1961, S. 140 und 141.
[68] Vgl. YB 1955, S. 21; YB 1956, S. 22; YB 1957, S. 25; MB 1956, No. 5, Recent Developments.

Auch die Begrenzung des Rechts der Notenbank zur Ausgabe von Banknoten (right of note issue) entspringt der „quantitätstheoretischen Konzeption der Geldpolitik"[69]. In den jährlichen Konjunkturberichten des Finanzministeriums wird dann auch folgerichtig das Verhältnis von Geldmenge zu Handelsumsätzen als Kriterium für die Stabilität des Preisniveaus herangezogen[70] und in der Ausgabe von 1954 heißt es sogar:

„Die allgemeinen psychologischen Effekte der Konjunkturveränderungen müssen dabei außerhalb des Bereiches einer Untersuchung (der monetären Entwicklung) bleiben"[71].

Schließlich finden wir in den Bankstatuten auch jene Forderung, nach der „es die wichtigste Aufgabe der Geldpolitik ist, diese Knappheit (des Geldes) so zu regulieren, daß der Wert möglichst stabil bleibt"[72], bei der „unverkennbar die Quantitätstheorie Pate gestanden hat"[73]. Gemäß § 1 der Bankstatuten ist es „die Aufgabe der Bank, die Stabilität und Sicherheit des finnischen Geldwesens zu erhalten..."[74]. „Diese Forderung bedeutet in letzter Konsequenz den Übergang zu einer ‚Indexwährung', bei der die eine oder andere Indexkombination zur verbindlichen Richtschnur der Notenbankpolitik gemacht wird[75]." Auch diese Konsequenz haben wir in Finnland beobachten können, als nach der Indexbindung der Löhne der Lebenshaltungskostenindex, wenn auch nicht ausdrücklich, so doch indirekt, zum Maßstab der Geldpolitik wurde.

Wir können daher also von der berechtigten Annahme ausgehen, daß es auf der Quantitätstheorie fußende Vorstellungen waren, die das Konzept der Geldpolitik geprägt haben, und wir müssen uns deshalb, um die Hypothese von der Unrichtigkeit dieser Anschauung zu stützen, mit dieser Theorie auseinandersetzen. Zunächst einmal gibt die Annahme der Quantitätstheorie, daß die im Verhältnis zum Güterangebot schneller steigende „Geldmenge" Ursache der Inflation sei, keinen kausalen Zusammenhang wieder, sondern sie beschreibt lediglich die Tatsache, daß die Konsumenten, bei denen sich die zusätzliche Geldmenge ja letztlich als Einkommen niederschlägt, unter Zugrundelegung einer unveränderten Konsumstruktur nunmehr die *Möglichkeit* haben, höhere Preise als bisher zu zahlen. Sie sagt aber nicht aus —

---

[69] Vgl. G. Schmölders, a.a.O., S. 130.
[70] Vgl. ES 1949, S. 9 und 10; ES 1951, S. 22.
[71] ES 1954, S. 17; vgl. auch ES 1951, S. 22.
[72] W. Röpke, Die Lehre..., a.a.O., S. 138.
[73] G. Schmölders, a.a.O., S. 177.
[74] Regulations for the Bank of Finland, issued in Helsinki on December 21, 1925, § 1.
[75] G. Schmölders, a.a.O., S. 176.

und kann es auch gar nicht —, daß sich die Konsumenten in dieser Weise verhalten *müssen*. Als Folge steigender Einkommen können nun aber grundsätzlich zwei verschiedene Verhaltensweisen auftreten — wenn man die Möglichkeit, daß das gesamte zusätzliche Einkommen gespart wird, beiseite läßt. Einmal kann sich die Bedürfnisstruktur der Einkommensbezieher verändern, d. h. die Haushalte wechseln auf ein höheres Versorgungsniveau über. Das bedeutet nun aber lediglich, daß für höherwertige Güter ein höherer Preis gezahlt wird. Der Anstieg des Preisniveaus könnte dann nur aus der statistisch-technischen Anpassung des Index an die veränderte Konsumstruktur resultieren, d. h. der Index berücksichtigt die teureren Produkte entsprechend ihrem Verbrauch. Das hat aber mit Geldwertverlust nichts zu tun.

Zum anderen können bei zunächst gleichbleibender Bedürfnisstruktur und stabilem Geldwert größere Mengen der einzelnen Güter nachgefragt werden. Dann könnte man sich vorstellen, daß diese zunehmende Nachfrage schließlich auf eine Produktionsgrenze stößt, an der eine Vermehrung der Produktionsfaktoren physisch nicht mehr möglich ist (Boden und Arbeit), und daher die Nachfrage nur noch über steigende Preise ausgeglichen werden kann. Dieses Argument übersieht jedoch einen wichtigen Tatbestand. Selbst wenn man die Möglichkeit ausschließt, die nicht mehr vermehrbaren Produktionsfaktoren aus dem Ausland zu beschaffen (Gastarbeiter, Zweigbetriebe im Ausland), so ist doch der Vermehrung des Kapitals keine Grenze gesetzt. Die Erhöhung der Kapitalintensität in der Volkswirtschaft und die daraus folgende Entlastung der übrigen Produktionsfaktoren ist an keinerlei physische Beschränkung gebunden, sondern hängt allein vom Sparwillen in der Volkswirtschaft ab. Das bedeutet aber, daß bei gleichbleibender Bedarfsstruktur, steigendem Einkommen und zunächst stabilem Geldwert die Nachfragemenge nicht steigen *muß*, sondern höchstens steigen *kann*. Wenn sie allerdings steigt und mit ihr die Preise, dann ist die Folge natürlich ein Sinken des Geldwertes. Die Ursache der Geldwertverschlechterung ist dann aber *nicht* das höhere Einkommen oder die Geldmengenvermehrung oder, wie oft als Verfeinerung der Quantitätstheorie gesagt wird, die „aktive Geldmenge"[76], sondern die Ursache ist dann derjenige Faktor, der die Konsumenten veranlaßt hat, mengenmäßig mehr nachzufragen, *obwohl* der Preis steigt. Hier kommen wir also wieder auf das zurück, was anfangs über die Inflationsursachen gesagt wurde, und wir sehen, daß die Annahme, die Veränderung der Geldwertattitüde sei ursächlich für die Inflation, eine plausiblere Erklärung für den Inflationsverlauf bietet als die These

---

[76] Vgl. F. Neumark, Begriff, Arten und Ursachen der Inflation, in: Vom Wert des Geldes, Stuttgart 1961, S. 45.

über einen kausalen Zusammenhang von Geldmenge und Preissteigerungen.

Als praktische Konsequenz aus diesen Überlegungen folgt, daß eine Geldpolitik, die die Geldmenge zu begrenzen sucht, gar nicht die Ursache der Inflation beseitigt, weil eine Vermehrung der Geldmenge nicht die Ursache der Inflation ist.

„Die auf Beeinflussung der monetären Gesamtnachfrage gerichteten Maßnahmen von Regierung und Notenbank ... können ihr Ziel infolgedessen nicht erreichen, wenn sie als bloße ‚Geldmengenregulierung' aufgefaßt und allein oder überwiegend an dem Maßstab des statistisch ermittelten Geldvolumens an Bar- und Buchgeld ausgerichtet werden"[77].

Diese Behauptung wird durch die Überlegung gestützt, daß eine Inflation auch ohne das möglich ist, was wir gemeinhin als Geld bezeichnen (Münzen, Banknoten, Buchgeld sowie darauf basierende Geldsurrogate wie Scheck, Wechsel etc.). Wir können dabei von der Definition des Geldes ausgehen, die besagt, daß Geld ist, was Geldfunktion erfüllt (Tauschmittel-, Wertaufbewahrungs-, Schuldtilgungsmittel- und Recheneinheitsfunktion). All diese Funktionen beruhen aber auf nichts anderem als auf einer allgemeinen Überkunft, daß das Geld diese Funktionen erfüllen *soll*, also auf einer Konvention.

Die Tatsache aber, daß das Geld diese Aufgaben in der Realität auch wirklich erfüllt, hängt wiederum von dem allgemeinen Vertrauen darin ab, *daß das Geld seine Funktionen tatsächlich erfüllt*[78]. Die Konvention und der Glaube daran, daß sich alle an die Übereinkunft halten, kann sich aber nun ebenso gut auf Banknoten oder Scheckguthaben wie auf jeden anderen Gegenstand beziehen. Eine Inflation muß also auch da möglich sein, wo die modernen Formen unserer Geldwirtschaft nicht geübt werden und wo die Möglichkeit, zentralbankähnliche Instrumente zur Inflationsbekämpfung einzusetzen, nicht gegeben ist. Das wäre in der Tat denkbar, wenn wir die Wirkungen des Vertrauensschwundes in den Geld-Gegenstand, so wie sie anfangs beschrieben wurden, zugrunde legen.

Die Folgerung aus diesen Überlegungen im Hinblick auf die Quantitätstheorie ist deshalb, daß diese Theorie nur einen begrenzten Teilbereich des eigentlich viel umfassenderen Inflationsphänomens zu beschreiben versucht. Dabei ist sie allerdings nicht in der Lage, Kausalzusammenhänge festzustellen, sondern sie generalisiert lediglich *eine* mögliche Verhaltensweise.

Als weiteren Hinweis auf die Unfähigkeit der Quantitätstheorie, das Inflationsproblem zu lösen, sei wieder das Beispiel des „sedel-

---

[77] G. Schmölders, a.a.O., S. 101.
[78] Vgl. G. Schmölders, a.a.O., S. 174.

klippning" herangezogen. Der Erfolg dieser Halbierung des Notenumlaufes war praktisch gleich Null. Da das Buchgeld von der Maßnahme ausgenommen war, fand in den Tagen vor dem „sedelklippning" ein Run auf die Banken statt, bei denen ein Großteil der Bankkonten für einige Tage eingezahlt und nach dem 1. 1. 1946 wieder abgezogen wurde. Bereits Ende April hatte der Notenumlauf wieder den Höchststand von 1945 erreicht (August 1945 gleich 18 Mrd. mk), ohne daß die Preissteigerungen unterbrochen worden wären. Ein wirklicher Erfolg wäre dieser Maßnahme nur dann beschieden gewesen, wenn sie mit einer radikalen Befreiung der gesamten Wirtschaft von allen Reglementierungseingriffen und einer entschiedenen Politik der Geldwertsicherung einhergegangen wäre, die das erschütterte Geldwertvertrauen hätte festigen können. Dem „sedelklippning" wäre dann nämlich nur die Rolle einer rein technischen Maßnahme zugekommen, die lediglich ein Zuviel an Zahlungsmitteln beseitigt hätte, das nicht mehr gebraucht wurde, weil niemand mehr mit Preissteigerungen rechnen mußte.

4. Kampf gegen die Inflation?

Diese Frage erscheint im Zusammenhang mit der Geldpolitik paradox, denn die Maßnahmen einer Zentralbank während einer Inflation sind — so sollte man meinen — beinahe ex definitione Antiinflationspolitik. Im Falle der Bank von Finnland läßt sich diese Frage jedoch nicht von vorne herein eindeutig beantworten. Zunächst könnte man zwar davon ausgehen, daß die Bank durch ihre scharfen Kreditrestriktionen inflationsdämpfend gewirkt hat, wenn sie auch durch politische Einflüsse an der vollen Entfaltung ihrer Geldpolitik gehindert wurde. Gegen eine solche, etwas an der Oberfläche bleibende Beurteilung müssen wir jedoch eine Reihe von Bedenken ins Feld führen, und zwar wollen wir die Politik der Bank von Finnland einmal unter dem Aspekt ihrer Dynamik und zum anderen im Hinblick auf die Auswirkungen ihrer Maßnahmen auf den Inflationsverlauf betrachten.

Was die Art der Kampfesführung angeht, so müssen wir feststellen, daß sie — von einer Ausnahme abgesehen — durchweg defensiv war. Das zeigte sich bereits an der konstatierenden Zinspolitik der Bank; ähnliches läßt sich auch durch eine Gegenüberstellung von Rediskontentwicklung und Kreditverschärfungen für die Rediskontpolitik nachweisen. Ebenso waren die geldpolitischen Improvisationsmaßnahmen (Exportabgaben, Importlizenzdepositen und Kassenreservenabkommen) verspätete Reaktionen auf eine bereits beträchtliche Ausweitung des Kreditvolumens, die selbst wiederum nur ein Zeichen des angestauten Inflationsdruckes war. Folglich mußten diese Maßnahmen kurze Zeit später wieder fallen gelassen werden, da der offene Durchbruch der

Inflation ihre Beibehaltung unmöglich machte. Dagegen zeigt die einzige Phase aggressiver Geldpolitik in Finnland, nämlich die Durchsetzung des Abwertungskonzeptes von 1957, sehr klar und deutlich, wie leistungsfähig und erfolgreich eine aktive Politik der Inflationsbekämpfung sein kann. In den darauffolgenden Jahren hat die Bank jedoch ihren Prestigeerfolg nicht konsequent ausgenutzt, um ihre zurückgewonnene Handlungsfreiheit weiter zu behaupten. 1962 gab sie dem politischen Druck in der Frage der Diskontpolitik wieder nach und übertrug im Rahmen der Währungsreform sogar die Entscheidung über die Festsetzung der Währungsparitäten auf die Regierung.

Insgesamt gesehen hat die Bank von Finnland also von ihrem Privileg, die Inflation aktiv bekämpfen zu können, keinen rechten Gebrauch gemacht. In diesem Zusammenhang seien noch zwei Tatbestände erwähnt, in denen die Bank teils durch Unterlassen, teils durch Handeln die Inflationsatmosphäre noch mehr aufgeladen hat. Einmal hat sie im Falle der Anwendung von Indexklauseln im Bankgeschäft die Ausbreitung des Indexdenkens nicht nur nicht verhindert, sondern sogar noch gefördert. Dadurch wurde die Höhe der Zinsen von der Entwicklung des Lebenshaltungskostenindex abhängig, während gleichzeitig steigende Zinskosten über die Erhöhung der Produktionskosten dann wiederum den Preisauftrieb verstärkten. Damit war also der Indexautomat um einen weiteren „feed-back-circuit" erweitert worden. Zweitens hat die Bank nicht versucht, die Kreditstruktur des Landes grundlegend zu wandeln, was bei dem Überwiegen kurz- und mittelfristiger Kredite und der Finanzierung langfristiger Investitionen durch Kreditstückelung sowohl zu einer ökonomischeren Verteilung der Kapitalresourcen als auch einer Entlastung des Geldmarktes beigetragen hätte. So aber blieb die Produktionsstruktur der Vorkriegszeit im wesentlichen erhalten — abgesehen vom Aufbau der Metallindustrie, der jedoch weitgehend vom Staat finanziert worden war.

Was nun die Auswirkungen der Zentralbankpolitik auf den Verlauf der Inflation angeht, so lagen diese — ganz ähnlich wie bei der Steuerpolitik — im wesentlichen einer Begrenzung monetären Reaktionsmöglichkeiten der Privatwirtschaft. Wie wir gesehen haben, war der Erfolg dieser Politik jedoch weitgehend von der Haltung und von den Ausweichmöglichkeiten der Geschäftsbanken abhängig. Da diese sich aber nur zum Teil mit den geldpolitischen Vorstellungen der Bank von Finnland identisch erklärten und da sie die Versorgung der Wirtschaft mit Krediten als ihre wesentlichste Aufgabe ansahen, blieb der Notenbank — besonders nach 1957 — nur der Ausweg einer kontinuierlichen Eskalation ihrer Rediskontverschärfungen.

Nun zeigten aber die Kreditrestriktionen eine Reihe von negativen Nebeneffekten, die zwar in Finnland infolge der überwiegend günstigen Exportentwicklung nicht so kraß zum Vorschein kamen, die aber nichtsdestoweniger, vor allem wegen der langen Dauer der restriktiven Geldpolitik, eintraten. De facto hat nämlich die Einrichtung der Kreditrestriktionen dazu geführt, daß, wenn nach einer Phase relativer Stabilität die ersten Anzeichen einer neuen Inflationswelle sichtbar wurden, die Kreditkunden unverzüglich versuchten ihren Kreditbedarf noch rasch zu decken, ehe erneute Kreditverschärfungen verhängt wurden oder der verhältnismäßig geringe Kapitalbestand verteilt war. Folglich wurde die sich anbahnende Inflationsphase sofort als schroffe Anspannung am Geldmarkt sichtbar und gleichzeitig beschleunigt. Die Investitionstätigkeit der Privatwirtschaft wurde dadurch natürlich stark beeinträchtigt, vor allem die notwendigen Rationalisierungsinvestitionen in Industrie und Handel, so daß ein Auffangen inflationistischer Preiserhöhungen auf dem Wege der Produktivitätssteigerung unmöglich wurde[79].

Ähnlich lag der Fall bei der Importbeschränkung. Auch hier nutzten die Importeure in der Zeit der Einfuhrkontrolle jede Möglichkeit aus, ihr Importvolumen auszudehnen, indem sie vor allem während eines Exportbooms überproportional viele Lizenzanträge stellten, um so zukünftigen Restriktionen zuvorzukommen. Sobald dann die Zahlungsbilanz passiv wurde, war die Notenbank gezwungen, die Kreditrestriktionen zu verschärfen, wobei sie jedoch gleichzeitig die preisstabilisierenden Effekte des Imports — Vergrößerung des Warenangebots und Preiskonkurrenz im Inland — eliminierte[80]. Man kann kaum bezweifeln, daß diese Nebeneffekte der restriktiven Geldpolitik auf lange Sicht — zumindest während der Zeit des Indexautomaten — inflationsfördernd gewirkt haben, vor allem wenn man dazu den recht eindrucksvollen Stabilisierungseffekt des Imports in der Zeit von 1954/55 und 1958/61 berücksichtigt. Zudem sollten wir nicht übersehen, daß mit den Kreditrestriktionen nur ein Symptom der Inflation, nicht aber ihre Ursache, nämlich der Schwund des Geldwertvertrauens, bekämpft wurde. Damit hat also die Geldpolitik ihre eigentliche Aufgabe[81] gar nicht erfüllt.

Das bedeutet nun aber nicht, daß wir der Bank von Finnland den Willen, die Inflation konsequent und kompromißlos zu bekämpfen, absprechen. Wir sollten hier vielmehr berücksichtigen, daß das theoretische Konzept, das ihrer Kreditpolitik zugrunde lag, gar nicht geeignet war, das Inflationsproblem zu lösen. Darüber hinaus stand die Bank von Finnland weitgehend unter dem Einfluß parteipolitisch

---

[79] Vgl. R. Kullberg, Betalningsbalans..., a.a.O., S. 109.
[80] Vgl. Ibid., S. 109.
[81] Vgl. G. Schmölders, a.a.O., S. 174.

motivierter Entscheidungen, so daß ihre praktischen Möglichkeiten für eine wirksame Bekämpfung der Inflation gar nicht ausreichen. Schließlich ist eine Notenbank allein ohnehin nicht in der Lage, die Inflation zu stoppen, besonders dann nicht, wenn wie in Finnland so starke Inflationsträger wie das Budget und die Lohnentwicklung aktiv sind.

IV. Der Außenhandel

In der Wirtschaftsstruktur Finnlands nimmt der Außenhandel von jeher die zentrale Stellung ein, teils weil der Export das wichtigste Stimulans der Binnenkonjunktur ist, teils weil der Import eine eminent wichtige Versorgungsfunktion erfüllt. Er spielte daher auch für den Verlauf der Inflation eine bedeutsame Rolle, doch zum eigentlichen Inflationsträger wurde er erst unter dem Einfluß der Importreglementierung und des Indexautomaten.

Die traditionellen finnischen Exportgüter sind die Erzeugnisse der Forst-, Holz- und Papierindustrie, deren Anteil an der Gesamtausfuhr vor dem Kriege ca. 90 % betrug und in der Nachkriegszeit nicht unter 75 % lag[1].

Der Anteil der Exportindustrieprodukte an der Gesamtausfuhr in den Jahren 1945 bis 1956[a]

1945	86,7 %	1949	88,0 %	1953	77,3 %
1946	90,0 %	1950	86,7 %	1954	79,8 %
1947	91,0 %	1951	92,3 %	1955	81,7 %
1948	93,3 %	1952	87,1 %	1956	78,3 %

a) Nach Angaben in YB 1943/45—1956 berechnet.

1. Die Bedeutung des Außenhandels

Die zentrale Bedeutung des Exports für die finnische Binnenkonjunktur beruht im wesentlichen auf zwei Faktoren: einmal auf den Beschäftigungsimpulsen, die von einer Exportkonjunktur ausgehen und zum anderen auf der Vergrößerung des Devisenbestandes im Gefolge eines Exportaufschwungs. Da das Rohmaterial der traditionellen Exportindustrie aus der Forstwirtschaft kommt, bedeutet ein gutes Exportjahr nicht nur Beschäftigung für die rund 80 000 Arbeiter und Angestellten der Holz- und Papierindustrie, sondern ebenfalls für die 100 000 bis 200 000 Forstarbeiter und Waldbauern[2]. Damit steigt außer der Investitionsnachfrage der Exportindustrien auch die Nachfrage nach

---

[1] Vgl. Finnland stellt sich vor, a.a.O., S. 22 und 25.
[2] Vgl. A. Karjalainen, Holz- und Volkswirtschaft, a.a.O., S. 32; B. Wahlroos, Voraussetzungen und Konkurrenzfähigkeit ..., a.a.O., S. 3 b.

landwirtschaftlichen Investitionsgüter — mit Rückwirkungen auf den Bausektor —, die Konsumnachfrage und das Sparvolumen[3].

Ganz ähnlich liegen die Verhältnisse in der Metallindustrie, die mit über 120 000 Beschäftigten inzwischen zum größten Arbeitgeber des Landes geworden ist und fast zu 20 % für den Export produziert[4]. Ihr Anteil an der Gesamtausfuhr, der vor dem Kriege nur rund 5 % betragen hatte, ist nach dem Abschluß der Reparationsproduktion beträchtlich gestiegen und liegt heute bei ca. 15 %. Allerdings geht hiervon der überwiegende Teil in die Länder des Ostblocks.

Die Veränderung der Exportstruktur zwischen 1950 und 1960[a)]

	1950	1960
Forst-Holz-Papier- industrie	86,7 %	75,3 %
Metallindustrie	4,9 %	15,0 %
sonstige Industrieprodukte	4,3 %	4,7 %
Agrarprodukte	4,1 %	5,0 %
	100,0 %	100,0 %

a) Vgl. Finnland stellt sich vor, a.a.O., S. 25.

Der Devisenüberschuß im Gefolge eines Exportaufschwungs hat eine ähnliche anregende Wirkung auf die Binnenkonjunktur, da sich die hohe Liquidität der Exportindustrie über die Ausweitung des Kreditspielraumes der Banken auch auf die übrigen Wirtschaftszweige überträgt und dadurch die Investitionstätigkeit belebt. Des weiteren wird durch den Anstieg der Devisenreserven eine entsprechende Ausweitung des Imports möglich[5]. Dies ist insofern von besonderer Wichtigkeit, als die gesamte Binnenindustrie wie auch die Metallindustrie fast völlig vom Import abhängig sind[6].

Die Struktur des Imports 1950 und 1960[a)]

	1950	1960
Rohstoffe, Halbfabrikate	56,8 %	48,8 %
Brenn- und Kraftstoffe	11,5 %	9,7 %
Fertigwaren	31,7 %	41,5 %
	100,0 %	100,0 %

a) Finnland stellt sich vor, a.a.O., S. 25.

[3] Vgl. N. Meinander, Penningpolitiken..., a.a.O., S. 120; R. Kullberg, Betalningsbalans..., a.a.O., S. 99; H. Kärkkinen, Die Integrationsbestrebungen des internationalen Handels und der finnische Außenhandel, in: Finnland im Brennpunkt, a.a.O., S. 11 c.

[4] Vgl. B. Wahlroos, a.a.O., S. 2 b; Trade Facts Finland, Helsinki 1960, S. 22.

[5] Vgl. N. Meinander, a.a.O., S. 120; R. Kullberg, a.a.O., S. 100; B. Suviranta, Währungspolitik..., a.a.O., S. 133.

[6] Vgl. A. Karjalainen, a.a.O., S. 40—42, 45; Finnland stellt sich vor, a.a.O., S. 22; O. Niitamo, Zur Entwicklung des finnischen Wirtschaftslebens, in: Finnland im Brennpunkt, a.a.O., S. 6 a; B. Wahlroos, a.a.O., S. 6 b.

Die Höhe der jährlichen Exporterlöse und damit indirekt auch das Importvolumen hingen nun wiederum von der Entwicklung der Weltmarktpreise für Holz- und Papierwaren ab. „Es muß erwähnt werden, daß die Exportkonditionen, zumindest auf kurze Sicht, von Entwicklungen, die außerhalb der Kontrolle der inländischen Interessen liegen, bestimmt werden. Die finnischen Exporteure dominieren keinen ihrer Märkte so sehr, daß sie ihn als Verkäufermarkt beherrschen könnten[7]." Die Konjunkturempfindlichkeit des finnischen Exports ist schätzungsweise dreimal so groß wie die der Bundesrepublik und 14 Mal so groß wie die der USA[8]. „Finland is dependant on foreign trade to such an extent that she is one of the countries most sensitive to cyclical conditions. External factors beyond her control can therefore jeopardize the steady course of her economy unless efforts are made to neutralize their influence...[9]."

Die Reaktionsmöglichkeiten des finnischen Außenhandels sind jedoch durch die Besonderheiten des Osthandels stark eingeschränkt, da dieser Warenaustausch nur über bilaterale Handels- und Zahlungsabkommen läuft und somit die Überschüsse aus diesem Geschäft nicht zur Finanzierung des Westhandels verwendet werden können. „Die Konjunkturpolitik ist daher für Finnland im wesentlichen eine Frage der inneren Anpassung an äußere Gegebenheiten[10]."

2. Das Problem der Währungsparitäten

Bei der gegebenen Abhängigkeit Finnlands vom Außenhandel einerseits und der Inflation im Inland andrerseits, erhielt das Problem der Wechselkurse natürlich eine besondere Aktualität. Die Bank von Finnland gab dabei dem „inneren Preisgleichgewicht" den Vorrang, da man „wegen der anhaltenden internen Inflation... fortwährend Angst vor zusätzlichen Preissteigerungen (hatte), die als Folge von Wechselkursänderungen zu erwarten waren"[11]. Sie folgte also hier dem „Zeitgeist", nach dem man „es sowohl für möglich als auch für wünschenswert (hielt), die eigene Volkswirtschaft mittels wirtschafts- und währungspolitischer Maßnahmen von äußeren Störungen abzuriegeln"[12]. Das Ergebnis dieser Politik war dann eine anhaltende Überbewertung der

---

[7] N. Meinander, a.a.O., S. 121.
[8] Vgl. J. Linnamo, Bytesbalansens..., a.a.O., S. 81; G. Stjernschantz, Die europäische Konjunkturlage und Finnland, in: Unitas 1962, No. 4, S. 200.
[9] O. Väyrynen, The demobilisation of import control, MB 1954, No. 4, S. 21; Vgl. auch YB und ES 1945—1954, Abschnitte: Foreign trade.
[10] N. Meinander, a.a.O., S. 121.
[11] B. Suviranta, a.a.O., S. 131.
[12] Ibid., S. 131.

Finnmark[13], wodurch einerseits die Wettbewerbsfähigkeit des Exports dauernd bedroht war, während auf der anderen Seite der Import aufgrund der relativ niedrigen Wechselkurse ständig neue Anreize erhielt. Aus diesem Grund war die Bank dann gezwungen, ihre Geldpolitik weitgehend am Stand der Devisenreserven auszurichten, da sie das dauernde Ungleichgewicht zwischen innerer und äußerer Kaufkraft nicht immer wieder durch Abwertungen ausgleichen wollte.

Allerdings war die Entwicklung der Terms of Trade für Finnland meist so günstig, daß die Beibehaltung der Wechselkurse über lange Zeiträume möglich war[14]. Aus diesem Grunde kam es nur dann zu Abwertungen, wenn die Verschlechterung der Exportkonjunktur diesen Schritt erzwang[15]. Dies trifft vor allem für die Abwertungen von 1945 und 1949 zu, bei denen dann allerdings die befürchteten Preiswirkungen auch prompt eintraten, da die Wechselkursänderungen jeweils in eine starke Inflationsphase fielen[16].

Eine Ausnahme bildet in diesem Zusammenhang die Abwertung von 1957, die von langer Hand vorbereitet und mit der Durchsetzung wirksamer antiinflationistischer Maßnahmen gekoppelt war. Die Bank von Finnland erachtete die Erfüllung von vier Voraussetzungen als unabdingbar für die Durchführung der Abwertung[17]:

1. ein Nachlassen der Exportkonjunktur,
2. die Neutralisierung der Abwertungsgewinne,
3. die Lockerung der Indexbindung der Löhne und
4. die Liberalisierung des Imports.

„Für den idealen Zeitpunkt der Abwertung wurde ein Moment gehalten, in dem die Deviseneinnahmen wegen der abgeschwächten Exportkonjunktur nachließen, wodurch die Exporteure einer Hilfe in Form höherer Wechselkurse bedurften... Hätte Finnland abgewertet, solange die Exportpreise hoch standen, so wäre den Exporteuren eine so starke Gewinnerhöhung zugeflosssen, daß diese auf die Löhne und Rundholzpreise hätte einwirken und einen Produktionskostenanstieg hervorrufen müssen, was bei einem Sinken der Export-

---

[13] Vgl. B. Suviranta, a.a.O., S. 129; E. Dahmén, Ekonomisk utveckling ..., a.a.O., S. 26; G. Korhonen, The possibilities of abolishing import control, in: KOP 1955 No. 2; EÖ 1954, S. 18.

[14] Vgl. B. Suviranta, a.a.O., S. 132—133; YB 1943/45, S. 36; YB 1949, S. 25.

[15] „Alle fünf Abwertungen der vierziger Jahre erfolgten somit in einer klaren Notlage. Sie können darum als Zwangsabwertungen bezeichnet werden." (B. Suviranta, a.a.O., S. 134); Vgl. auch S. Tuomioja, The devaluation ..., a.a.O., S. 20; EÖ 1952, S. 12.

[16] Vgl. B. Suviranta, a.a.O., S. 123—134; R. Kullberg, Penningmarknaden ..., a.a.O., S. 218; YB 1949, S. 16; ES 1950, S. 20.

[17] Vgl. B. Suviranta, a.a.O., S. 136—139.

preise erneut eine Abwertung notwendig gemacht hätte[18]." Die Neutralisierung der Abwertungsgewinne hielt man aus grundsätzlich den gleichen Erwägungen für notwendig; sie sollte aber nur diejenigen Exporteure treffen, denen ein geringerer Abwertungssatz als der beabsichtigte genügt hätte. Diese Voraussetzung wurde dann durch die Einführung einer degressiven Exportsteuer erfüllt. Durch die erwähnte Lockerung der Indexbindung für Löhne, zu der sich die Tarifpartner auf Betreiben der Bank von Finnland bereit erklärten, war dann sichergestellt, daß sich die erwarteten Importpreissteigerungen nicht sofort auf die Lohnentwicklung übertrugen, und somit war ein Spielraum für die endgültige Stabilisierung des Preisniveaus geschaffen. Bei dem Entschluß zur Liberalisierung des Westimports haben dann, neben den erhofften, inflationsdämpfenden Wirkungen auf lange Sicht, auch Erwägungen im Hinblick auf die Stellung des finnischen Außenhandels zu den sich formierenden gemeinsamen Märkten — EWG, EFTA und Nordischer Markt — eine Rolle gespielt.

3. Der Außenhandel als Inflationsherd

Bei der zentralen Stellung des Außenhandels im finnischen Wirtschaftsgefüge ist klar, daß Maßnahmen wie die Importreglementierung und die Indexbindung im Zusammenhang mit dem Außenhandel sehr kräftige inflationistische Wirkungen entfalten mußten. Im Gegensatz zur Exportkontrolle, die bald nach Kriegsende aufgehoben wurde, blieb die Reglementierung der Einfuhr weiterhin bestehen. Der Grund hierfür war, daß man in der ersten Nachkriegsphase vor allem die Versorgung der Reparationsindustrie und der Wiederaufbauprojekte mit Rohstoffen und Investitionsgütern sicherstellen wollte. Zwar war eine Kontrolle des Außenhandels nichts Ungewöhnliches im Nachkriegseuropa, aber die meisten Länder begannen doch bereits 1949 über die OEEC und später die EZU mit einer Liberalisierung des internationalen Waren- und Zahlungsverkehrs[19]. Aus außenpolitischen Gründen konnte sich Finnland der OEEC jedoch nicht anschließen[20].

Die Importreglementierung bedeutete praktisch, daß weder die Einfuhrmenge noch der Zeitpunkt, weder das Einkaufsland noch die Qualität der einzuführenden Waren vom Importeur bestimmt werden konnte.

---

[18] Ibid., S. 136.
[19] Vgl. ES 1953, S. 20 und EÖ 1954, S. 16.
[20] Finnland hat aus Rücksicht auf seine prekäre außenpolitische Situation die Teilnahme an der Pariser Marshall-Plan-Konferenz 1947 abgesagt, da der Friedensvertrag mit den Alliierten noch nicht unterzeichnet war und das Land sich daher außerhalb der weltpolitischen Konflikte, zu denen ja auch der Marshall-Plan gehörte, halten wollte. (Vgl. F. Valros, a.a.O., S. 14 und A. Goodrich, a.a.O., S. 105 sowie J. Iloniemi, Finnland in internationalen Organisationen, in: Finnland im Brennpunkt, a.a.O., S. 7 d.)

Diese Daten waren überwiegend in den bilateralen Handelsabkommen Finnlands festgelegt. Da vor allem die Importzusammensetzung oft weniger auf die Bedürfnisse Finnlands als vielmehr auf die Exportwünsche der Partnerländer zugeschnitten war, ergaben sich gewisse Absatzschwierigkeiten, denn das Angebot an importierten Gütern entsprach vielfach nicht der inländischen Nachfrage. Darüber hinaus hatte die Lizensierung des Imports jedoch noch eine weitere Konsequenz, die dann ihrerseits wieder Rückwirkungen auf die Geldpolitik hatte. Da nämlich die Lizenzen eine bestimmte Gültigkeitsdauer hatten, deckten sich die Importeure vor allem in Zeiten einer guten Exportkonjunktur, wo die Lizenzausgabe sehr freigiebig gehandhabt wurde, nach Kräften mit Permits ein. Das führte dann dazu, daß bei verschiedenen Gelegenheiten, wo die Exportkonjunktur überraschend schnell abbrach, der Import weiterhin kräftig anstieg. Daraufhin nahm der Devisenbestand rapide ab, und die Bank von Finnland mußte versuchen, die Einfuhr durch Kreditrestriktionen einzudämmen, weil eine Beschränkung der Lizenzausgabe erst viel zu spät wirksam geworden wäre[21]. Da aber die Geschäftsbanken den Import trotz der Restriktionen gewöhnlich weiter finanzierten, ist es erklärlich, daß die Handelsbilanz in der Nachkriegszeit überwiegend passiv war.

Erst 1954 begann Finnland mit einer sehr zögernden Liberalisierung des Imports, die 1955 dann mit der Einführung der „automatischen Lizenzierung" fortgeführt wurde[22]. Mit dieser automatischen Erteilung der Lizenzen für bestimmte Waren stand den Importeuren nun frei, das Einkaufsland und den Zeitpunkt der Einfuhr selbst zu bestimmen. Allerdings war diese Maßnahme mit der Einführung der Importlizenzdepositionen gekoppelt, die also neben ihrer Aufgabe als Mittel der Liquiditätseinschränkung auch als Ersatz für die aufgehobenen Reglementierungsmaßnahmen dienen sollten. Diese Erleichterung im Außenhandel waren aber keine echten Schritte zur Liberalisierung des Imports, da sie 1957, als die Exportkonjunktur umschlug, sofort wieder aufgehoben wurden[23], obwohl die zeitweilige Befreiung der Einfuhr von den Beschränkungen bereits sehr positive Ergebnisse gezeigt hatte.

„Prices of commodities imported under the automatic licensing system have declined in general since importers now have been able to place their orders at the most advantageous time in the most advantageous source of supplies. The declining prices of goods imported under the automatic licensing system are the more worth special attention as the general price level of imported goods has been rising during the same time"[24].

---
[21] Vgl. N. Meinander, a.a.O., S. 130; o. V., Den reglementerade importen, a.a.O., S. 9 f; EÖ 1942, S. 13; EÖ 1954, S. 21; ES 1953, S. 8; YB 1952, S. 10.
[22] Vgl. EÖ 1955, S. 17—18; YB 1955, S. 17.
[23] Vgl. ES 1957, S. 32—33; MB 1956, No. 12, Recent Developments.
[24] ES 1956, S. 33.

IV. Der Außenhandel

Die nachteiligen Folgen der Importkontrolle haben wir zum Teil bereits im Zusammenhang mit der Kreditpolitik der Zentralbank behandelt. E. Dahmén faßt sie wie folgt zusammen:

„Die Importrestriktionen ... waren schwerlich der Ausdruck einer planmäßigen Politik, sondern sie wurden vielmehr von den Kräften, die zur Inflation, zur Überbewertung der Währung und zu der akuten Devisenknappheit führten, erzwungen ... Inzwischen scheint sich die Einsicht durchgesetzt zu haben, daß sie zu einem unwirtschaftlichen Einsatz von Produktionsfaktoren führen, daß sie die Produktionsstruktur sehr leicht erstarren lassen und daß sie eine kontinuierliche Anpassung des Außenhandels an veränderte technische Bedingungen oder neue Rahmenbedingungen verhindern. Sie wirken entwicklungshemmend, ohne bei der Verwirklichung der übrigen Ziele des gesamtwirtschaftlichen Prozesses irgendeine Aufgabe zu erfüllen"[25].

Die Importreglementierung ist also eines jener Instrumente, mit denen man die Ausbreitungsgeschwindigkeit der Inflation zeitweise verlangsamen kann. Es ist aber ein Trugschluß zu glauben, daß man mit dieser institutionellen Begrenzung des Importvolumens auch die vorhandene Nachfrage nach Importgütern eindämmen würde, denn es zeigte sich, daß die Einfuhr die gezogene Grenze immer wieder überschritt; „dies beweist, welch starke Kräfte hier im Spiel sind"[26].

Während die inflationistischen Auswirkungen der Importkontrolle relativ schwer faßbar sind, ist der Inflationseffekt des Außenhandels in Verbindung mit der Indexautomatik eindeutig. In einer Phase lebhafter ausländischer Nachfrage erhöhten nämlich die steigenden Preise für Exportgüter, die ja auch im Binnenhandel galten, direkt das Inlandspreisniveau und förderten über die Zunahme der Konsum- und Investitionsnachfrage indirekt den einheimischen Preisauftrieb[27]. Die gleichzeitige Stärkung der Devisenreserven erlaubte dann zwar eine Erhöhung der Einfuhrquoten, aber die hiervon ausgehende preisdämpfende Wirkung konnte sich wegen der Schwerfälligkeit des Reglementierungsapparates zumeist nicht so rechtzeitig und umfassend entfalten, daß sie die Preiswirkungen des Exports hätte kompensieren können. Steigende Importpreise wurden dagegen ohne Verzögerung in das Inlandspreisniveau absorbiert.

„Inflation ‚imported' through cyclical fluctuations therefore must be regarded as an exogenous factor in the inflationary course ... Through the escalator clause built into the wage system the inflationary impetus of cyclical fluctuations was further accentuated ... In this way, an exogenous factor of inflation was merged with an endogenous one"[28].

---

[25] E. Dahmén, a.a.O., S. 69.
[26] R. Kullberg, Betalningsbalans ..., a.a.O., S. 100.
[27] Vgl. ES 1951, S. 22; B. Suviranta, Wage-inflation ..., a.a.O., S. 255.
[28] B. Suviranta, a.a.O., S. 256; vgl. auch ES 1957, S. 62; MB 1950, No. 3—5, Market Review.

Damit war das finnische Preisniveau über die Außenhandelspreise direkt an die Entwicklung am Weltmarkt gekoppelt. Die Preisstabilität im Inland konnte daher durch Faktoren beeinflußt werden, die völlig außerhalb der Kontrolle Finnlands lagen.

Die Frage ist nun natürlich, ob es berechtigt ist, den Außenhandel als Inflationsherd zu bezeichnen, wenn die eigentlichen Ursachen für die Inflationseffekte dieses Bereiches in der Importkontrolle und in der Indexbindung lagen. Sicherlich hätte sich die preisdämpfende Wirkung des Imports ohne die Importreglementierung wirksamer auf dem Inlandsmarkt durchsetzen können, und die konjunkturanregenden Impulse des Exports wären ohne die Indexbindung nicht in Inflationsimpulse verwandelt worden. Aber auf der einen Seite erhielten diese Effekte aufgrund der zentralen Position des Außenhandels in der finnischen Wirtschaft ein so bedeutendes Eigengewicht und auf der anderen Seite verstärkten eine ganze Reihe von Randfaktoren — wie etwa die Einseitigkeit der Exportstruktur und die zunehmende Einfuhr von Konsumgütern — die Anfälligkeit des Außenhandels als Inflationsträger so sehr, daß eine Charakterisierung des Außenhandels als sekundärer Inflationsherd zweifellos berechtigt ist.

V. Die Preisfront

1. Das Angebots-Nachfrage-Ungleichgewicht

Wenn auch die Entwicklung auf den verschiedenen Einzelmärkten unterschiedlich verlaufen ist, so können wir die Gesamtmarktsituation in Finnland ganz generell als durch einen Nachfrageüberschuß gekennzeichnet beschreiben. Der durchgehend vorhandene Überschuß an Kaufkraft war vor allem durch die expansive Budget- und Lohnpolitik sowie zeitweise durch ein Exporthoch hervorgerufen worden. Die Verbesserung des Güterangebots verlief vergleichsweise sehr schleppend, vor allem in der ersten Zeit nach dem Kriege. Die Agrarproduktion hatte 1948 erstmalig seit dem Kriegsausbruch eine Zunahme zu verzeichnen. Ein Großteil der Produktionsfaktoren stand bis 1952 im Dienst der Reparationsproduktion. Der Import diente ebenfalls zunächst der Versorgung der Reparationsindustrie und der Regeneration des Produktionsapparates. Die Versorgung der Bevölkerung mit Konsumwaren besserte sich wesentlich langsamer als die Entwicklung der Nominaleinkommen, so daß erstmalig in den Jahren 1958/60 eine wirkliche Ausgeglichenheit zwischen Angebot und Nachfrage bestanden zu haben scheint.

Insoweit ist der Verlauf der Preisentwicklung lediglich ein Ausdruck der Inflationstendenzen, die sich bei dieser gegebenen Marktlage durchsetzen konnten. Die einzelnen Preisindizes registrierten also nur die Inflationsentwicklung, ohne sie aktiv zu beeinflussen, wenn man davon absieht, daß sie die Information von der Inflation verbreiteten. Allerdings gilt diese Inflations-‚Neutralität' nicht für alle Preisreihen. Sowohl die Entwicklung des Lebenshaltungskosten- wie des Importpreisindexes ist durch preispolitische Eingriffe beeinflußt worden.

Mit der im Krieg eingeführten Außenhandelsreglementierung war dem inneren Preisgleichgewicht die Priorität vor dem äußeren eingeräumt worden, und konsequenterweise mußte dieser Schritt dann durch die Preiskontrolle ergänzt werden. Damit erhielten nun gerade diese beiden Indizes eine besondere Bedeutung, und paradoxerweise wurde die Preisentwicklung unter dem Einfluß der Preispolitik, die von allen geld- und finanzpolitischen Maßnahmen den stärksten Antiinflationsstempel trug, zu einer aktiven Inflationsquelle.

2. Die preispolitischen Maßnahmen

Die für die Preispolitik folgenschwerste Entscheidung war der Beschluß über die Indexbindung der Löhne. Dadurch wurde die Entwicklung der Lebenshaltungskosten zwangsläufig zur Richtschnur für die gesamte Preispolitik, und das preispolitische Konzept erfuhr einen grundlegenden Wandel. Nach dem Waffenstillstand hatte die Regierung zunächst versucht, die Preisentwicklung durch Preiskontrollen und Rationierungsmaßnahmen in der Hand zu behalten, obwohl 1945 die Preisbarrieren überrannt wurden und ein Teil des Warenangebots auf den schwarzen Markt abfloß[1]. Trotz eines großen, bürokratischen Aufwandes blieb jedoch die „inflationshemmende Wirkung der Preiskontrolle unbedeutend"[2]. Das Ministerium für Volksversorgung gab jährlich zwischen 30 000 und 40 000 Einzelpreisverordnungen heraus, „aber ein Großteil dieser Arbeit war lediglich Papierkrieg"[3]. In die gleiche Richtung weist die Feststellung, daß die Schwarzmarktpreise geradezu in der Zeit der größten Knappheit aufmerksamer beobachtet wurden als die offiziellen Preise und zeitweise sogar als Grundlage für Lohnforderungen galten. „Der Grund war, daß der legale Warenhandel stagnierte und eine Reihe lebensnotwendiger Güter auf dem ‚weißen' Markt nicht mehr angeboten wurden[4]."

---

[1] Vgl. F. Valros, a.a.O., S. 69—70; M. Virkkunen, The control..., a.a.O., S. 11; K. Waris, The disturbance..., a.a.O., S. 44; R. Kullberg, Penninmarknaden..., a.a.O., S. 187; N. Meinander, a.a.O., S. 125.

[2] N. Meinander, a.a.O., S. 100.

[3] O. Toivonen, Shall there be control or not?, in: Unitas 1951, No. 1, S. 4.

[4] F. Valros, a.a.O., S. 63; vgl. auch B. Suviranta, Wage-inflation..., a.a.O., S. 250; H. E. Pipping, Finlands näringsliv..., a.a.O., S. 190; R. Kullberg, a.a.O., S. 23.

Darüber hinaus litt die Preiskontrolle, wie überhaupt der gesamte Reglementierungsapparat, unter schweren Konstruktionsfehlern[5]. Ohne ihre eigentliche Aufgabe tatsächlich erfüllen zu können, hatte sie eine Reihe von schädlichen Nebenwirkungen, „denn durch den dirigistischen Reglementierungsapparat hat der Preisbildungsmechanismus seine frühere Relevanz... verloren"[6]. Dadurch wurden aber die Unternehmer der Notwendigkeit enthoben, rationell zu produzieren. „Price control, at any rate if it is severe, often acts as a brake on competition in quality and price and thus tends to obstruct the rationalisation of production. In addition price controllers have found that in some cases the confirmed prices have tended to become standard prices that are not reduced, though there may be opportunities to do so[7]." Damit trug auch die Preiskontrolle ihren Teil zu dem erwähnten Fehleinsatz von Produktionsfaktoren bei.

„Since price control was mostly used for necessities, it had, in so far it was effective, the effect of diverting capital away from those sectors where an expansion of production would have been most urgent and towards sectors which had free prices, but were of less social importance. This tendency towards the misallocation of recources proved so harmful that it often became necessary to introduce some kind of investment control, or even to substitute public for private investment in certain sectors (e. g. housing) or grant costly public subsidies to certain types of investment"[8].

Hier wird wieder einmal deutlich, wie sich die einzelnen „antiinflationistischen" Maßnahmen gegenseitig bedingten. Kreditkontrolle und Staatsinvestitionen waren also zumindest teilweise die Konsequenz staatlicher Preispolitik, während ihre Auswirkungen dann wiederum zu Preissteigerungen beitrugen.

Die Preisreglementierung wurde verschiedentlich durch Preisstops ergänzt, die zumeist in Verbindung mit einem Burgfrieden oder im Zusammenhang mit besonderen Maßnahmen — wie etwa der Abwertung von 1957, der Währungsreform 1963 und der Einführung der Mehrwertsteuer 1964 — erlassen wurden. Damit sollte die Möglichkeit geschaffen werden, in einer Preis- und Lohnpause die endgültige Stabilisierung des Preisniveaus vorzubereiten. Allerdings scheiterten die während eines solchen Burgfriedens ausgearbeiteten Wirtschaftsprogramme durchweg an der Uneinigkeit der Parteien im Parlament[9].

---

[5] Vgl. K. Waris, Den reglementerado..., a.a.O., S. 3.

[6] o. V., Prisutvecklingen i Finland, in: Nordiska Föreningsbankens Månadsrapport, Januar 1955, S. 1.

[7] O. Väyrynen, Demobilisation..., a.a.O., S. 21.

[8] E. James, A general survey of post-war inflation, in: Inflation..., a.a.O., S. 10—11.

[9] Vgl. YB 1946, S. 2; MB 1951, No. 1—2, Market Review; K. Lagus, Priser och löner åren 1958 och 1959, a.a.O., S. 55.

Obgleich die Preisstops den Anstieg des Preisniveaus zeitweise aufhielten oder zumindest verlangsamten, war ihr Effekt auf die Preisstabilität dennoch negativ, da der vorhandene Nachfragedruck von dieser Maßnahme gar nicht beeinflußt wurde. Im Gegenteil, während die Preise „eingefroren" wurden, nahm die Konsumnachfrage der weiterlaufenden Subventions- und Transferzahlungen kontinuierlich zu[10], und der angestaute Inflationsdruck brach dann nach der Aufhebung der Preiskontrolle um so kräftiger durch.

Mit der Einführung der Indexbindung der Löhne änderte sich die Situation der Preispolitik grundlegend: „damit ... wurde eine Periode eingeleitet, in der die Prinzipien und die Methoden der Indexberechnung zu einem Problem ersten Ranges wurden"[11]. Die Preispolitik verlagerte sich jetzt immer mehr auf die Methode des „Poäng-köp". Zwar vermehrten sich jetzt die Möglichkeiten, den Anstieg der verschiedenen Subindizes des Lebenshaltungskostenindex durch den Einsatz preis- und finanzpolitischer Instrumente zu bremsen[12], aber ihr Einsatzbereich wurde auf die Manipulation dieses Index beschränkt. Als Folge dieser dauernden Eingriffe und vor allem durch die „Politisierung"[13] entwickelte sich der Index immer mehr zu einem künstlichen Gebilde, das seine Barometerfunktion nicht mehr erfüllen konnte.

„Im Gegensatz zu den realen Kosten müssen die nominellen Kosten nicht unbedingt etwas mit dem Angebot von Waren und Dienstleistungen oder der Produktivität zu tun haben. Anstatt dessen hängen sie viel enger teils mit der Nachfrage nach Waren und Diensten und mit den verschiedenen Faktoren, die wiederum die Nachfrage beeinflussen, und teils mit anderen für die Gesellschaft der Nachkriegszeit charakteristischen mehr oder minder ‚institutionellen' und politischen Faktoren der Preis- und Lohnmechanismen zusammen"[14].

Gerade bei den landwirtschaftlichen Subventionen ist nicht klar erkennbar, was davon eigentliche „Poäng-köp"-Politik war und was davon politisch bedingte Unterstützung für die Landwirtschaft im Gewande der Preispolitik war[15].

3. Die Auswirkungen der Preispolitik

Die wohl schwerwiegendste Folge des staatlichen Eingriffs in die Preisbildung war die Überbewertung und vor allem die Politisierung des Lebenshaltungskostenindex.

---

[10] B. Suviranta, a.a.O., S. 261.
[11] F. Valros, a.a.O., S. 63.
[12] Vgl. MB 1950, No. 7—8, Market Review; E. Törnqvist, Statens subventionspolitik, a.a.O., S. 85 f; MB 1951, No. 3—4, Items; H. E. Pipping, a.a.O., S. 59—61.
[13] Vgl. K. Lagus, Prisutvecklingen och stabiliseringsprogrammen, a.a.O., S. 89.
[14] E. Dahmén, a.a.O., S. 27.
[15] Vgl. H. E. Pipping, a.a.O., S. 59.

„While the consumer price index does not necessarily reflect price movements as a whole, it is this index which gets most attention in discussions of inflation. Public interest tends to be focussed on prices that are important in the cost of living index and which therefore often play a major role in wage or salary adjustments"[16].

Damit war praktisch die gesamte Preispolitik einer Entwicklung ausgeliefert, die sie in keiner Phase wirklich kontrollieren konnte, denn dazu war die politische Macht der Gewerkschaften zu groß. Die „Poäng-köp"-Politik wurde immer erst dann eingesetzt, wenn der Anstieg der Lebenshaltungskosten bereits in vollem Gang war, und in diesem Stadium reichten ihre Mittel nicht aus, um den Index wirklich und dauerhaft zu stabilisieren. Ohne also ihr eigentliches Ziel überhaupt nur annähernd zu erreichen, stellte die Preispolitik aber die Transmission zwischen den beiden Bereichen Lohnentwicklung und Haushaltspolitik dar und war damit eines der bedeutendsten Bauelemente des Indexautomaten. „The efforts to check the rise in prices and cost of living have involved a considerable extension of price cvntrol and have compelled the Government to continue its subsidizing policy on an ever growing scale, which means increased State expenditure and heavier taxation[17]."

Ein sehr anschauliches Beispiel für die fast ausweglose Situation der staatlichen Preispolitik, der der starre Indexautomat keinerlei Spielraum mehr für bewegliche Operationen ließ, bieten die Maßnahmen zur Beilegung des Generalstreiks von 1956.

„The present subsidies (Mai 1956) lower the cost of living index about 5 points and cost the State more than 20 000 mill. mks per annum. As this would cause a deficit in the finance account, the retail price of sugar, petrol, margarine and alcohol were raised in average 20 % at the end of April and post, telephone and railway tariffs will be raised 10—20 % in June. These increases are estimated to bring about 15 000 mill. mks, but will in turn raise the cost of living index by one point. If the subsidies for milk and sausages are abolished ... the index will rise further by 2 points. The effect of the wage increases is also calculated to amount to about 3 points"[18].

Damit war bereits wenige Monate nach dem Generalstreik die nächste Lohnerhöhung fällig.

In einer ähnlich aussichtslosen Lage befand sich die Preispolitik gegenüber der Entwicklung der Außenhandels- und insbesondere der Importpreise, denn die Konjunkturschwankungen am Weltmarkt konnten eine Preisstabilität in Finnland jederzeit hindern oder fördern. „The forces of cyclical fluctuations were thus working both as stabilising and destabilising influences, but the latter were dominant

---

[16] o. V., The problem of rising prices, Paris 1961, S. 16.
[17] MB 1951, No. 5—6, Market Review.
[18] MB 1956, No. 5, Recent Developments; ES 1955, S. 35; ES 1957, S. 62.

in the sense that the effects of increased inflation could not consequently be eliminated; new stabilisation efforts regularly had to start from a higher price level[19]." Auch hier reichten die Möglichkeiten des „Poäng-köp" natürlich nicht für eine langfristige Stabilisierung des Preisniveaus aus. Daher wurde also der Rythmus der Lohnerhöhungen und der Importpreisschwankungen über den Anstieg bzw. Rückgang der Haushaltsausgaben und die damit verbundene Veränderung der (Konsum-)Nachfrage auf die gesamte Wirtschaft übertragen, so daß der ursprüngliche „cost-push" nun durch einen selbstinduzierten „demand-push" verstärkt wurde. Allerdings kamen dann zusätzlich zu dieser Funktion der Preispolitik als Inflations-‚Vehikel' eine Reihe von eigenständigen Inflationsimpulsen hinzu, die durch den Abbau preispolitischer Maßnahmen hervorgerufen wurden. Dies war immer dann der Fall, wenn das Budget in einen Engpaß geraten war und der „Poäng-köp" nicht mehr finanziert werden konnte. Dann versuchte die Regierung, sich durch Ausgabenkürzungen vor dem Defizit zu retten, strich die Subventionen oder erhöhte irgendwelche Tarife, der Lebenshaltungskostenindex stieg und der Inflationsautomat rotierte erneut.

Für die preissteigernde Wirkung eines Abbaus bestehender preispolitischer Maßnahmen gibt es ebenfalls zahlreiche Beispiele. Das eindeutigste hierfür ist die Aufhebung der Sonderbefugnisse der Regierung zur Preis- und Lohnkontrolle im Jahre 1955, die eine Kettenreaktion auslöste, welche dann ihrerseits schließlich in dem Generalstreik vom März 1956 endete. Diese Maßnahme war ja eigentlich ein Teilabschnitt in dem Bemühen, zu einer normalen Wirtschaftsordnung zurückzufinden. Unter den herrschenden Verhältnissen und vor allem unter dem Einfluß des Indexautomaten verwandelte sie sich aber in einen Inflationsanstoß, und zwar deshalb, weil sie als einzelne Maßnahme und nicht innerhalb eines durchdachten Gesamtkonzepts zur Normalisierung durchgeführt wurde.

Bei dieser Konzentration der Inflationsgeschehnisse auf den Lebenshaltungskostenindex erhielt dieser eine so wirkungsvolle Publicity, daß er die Information von der ständig fortschreitenden Geldentwertung mit hohem Verbreitungserfolg ausstrahlen konnte. Ganz abgesehen von dem Irrglauben, die Inflation durch eine derartige, mechanische Verbindung von Lohn- und Indexzuwachsrate und eine ebenso schematische Preispolitik wirksam bekämpfen zu können, war damit natürlich jeder Versuch zu einer echten Geldwertstabilität bereits im Ansatz zum Scheitern verurteilt. Denn man kann nicht annehmen, daß man den Willen und die Fähigkeit zu einer Verteidigung des Geld-

---

[19] B. Suviranta, a.a.O., S. 256.

wertes glaubhaft machen kann, wenn auf der anderen Seite die Mißerfolge der Stabilisierungspolitik vor aller Öffentlichkeit sichtbar werden. „Die inflationistische Einstellung in den verschiedenen Berufs- und Bevölkerungsgruppen"[20] erhielt dadurch ständig neue Nahrung und somit war auch die Preispolitik der Nachkriegszeit „ein aktiver Inflationsherd[21]." Die immer wieder sichtbare, negativ korrelierte Reaktion der Sparentwicklung auf die Veränderungen des Lebenshaltungskostenindexes ist ein deutliches Zeichen hierfür.

Wenn wir die fünf Bereiche, die als Träger von Inflationsimpulsen fungiert haben, jetzt überschauen, dann wird sofort klar, daß wir nur zwei von ihnen als Ausdruck eines Gruppenkampfes charakterisieren können, nämlich die Budget- und Lohnpolitik, während die übrigen drei, zumindest von der Intention her, nicht auf die Verteilung des Sozialprodukts gerichtet waren. Das ihnen allen Gemeinsame ist jedoch, daß jeder dieser Bereiche Elemente einer Antiinflationspolitik enthält. Für die Budgetpolitik sind das die Transfers und die Investitionsausgaben, bei der Lohnfront die Indexbindung, in der Geldpolitik die Kreditrestriktionen, beim Außenhandel die Importkontrolle und in der Preispolitik die „Poäng-köp"-Maßnahmen. Darüber hinaus ist ihnen gemeinsam, daß eben diese antiinflationistischen Elemente die Geldentwertung nicht aufgehalten, sondern im Gegenteil gefördert haben.

Das bedeutet aber doch, daß der Kampf gegen die Inflation in Finnland nicht erfolgreich war. Daraus ergibt sich nun sofort die Frage, welche Gründe für den Mißerfolg der Inflationsbekämpfung ausschlaggebend waren. Als Ansatzpunkte zur Beantwortung dieser Frage können wir aufgrund unserer bisherigen Ergebnisse folgende drei Thesen formulieren:

1. Die Politik aller fünf Sektoren stand unter dem Zwang ganz bestimmter, wirtschaftlicher Rahmenbedingungen.

2. Die Maßnahmen und Entscheidungen wurden ganz entscheidend von politischen Gegebenheiten und Interessen beeinflußt.

3. Die verschiedenen antiinflationistischen Maßnahmen waren nur auf Symptome der Inflation gerichtet; die psychologischen Komponenten des Inflationsgeschehens wurden hiervon nicht berührt.

Hiervon ausgehend müssen wir nun also die Frage nach der Bedeutung der wirtschaftlichen, politischen und psychologischen Faktoren im Inflationsverlauf stellen. Vor allem müssen wir uns dabei aber fragen, ob denn die Maßnahmen, die in Finnland zur Bekämpfung

---
[20] ES 1951, S. 22.
[21] N. Meinander, a.a.O., S. 125.

der Inflation ergriffen wurden, überhaupt dazu berechtigen, von einem wirklichen Kampf gegen die Inflation zu sprechen. Dabei können wir nun auf die eingangs entwickelten Gedanken über die Inflation zurückgreifen.

Drittes Kapitel

Die Inflationserreger

I. Die wirtschaftlichen Faktoren

1. Die Angebotsknappheit

Wenn wir nach der Bedeutung der wirtschaftlichen Faktoren für den Inflationsverlauf in der Nachkriegszeit fragen, dann müssen wir uns zunächst die Ausgangssituation, in der sich die finnische Wirtschaft bei Kriegsende befand, auf die wesentlichsten Tatbestände komprimiert vor Augen führen.

1. Durch den Krieg war der gesamte Produktionsapparat verbraucht, und der Kapitalbedarf für die notwendige Instandsetzung war beträchtlich. Aufgrund der Inflation war jedoch der Kapitalmarkt in seiner Leistungsfähigkeit stark beeinträchtigt. Außerdem bestand im Bereich des Konsumsektors ein erheblicher Nachholbedarf.

2. Die gesamte Wirtschaft war von einem System „antiinflationistischer" Kontroll- und Reglementierungsmaßnahmen durchzogen, die eine rasche Anpassung an die veränderten Verhältnisse erschwerten.

3. Die zukünftige wirtschaftliche Entwicklung stand unter dem Zwang dreier, voneinander unabhängiger Handikaps. Diese waren: Die Notwendigkeit einer bedeutenden Ausdehnung der Produktion zur Überwindung der Kriegsfolgen, die gegebene Kapitalknappheit und die Abhängigkeit des Landes von der Entwicklung des Außenhandels. Aufgrund dieser drei Bedingungen war der Entscheidungsbereich für unternehmerische und wirtschaftspolitische Dispositionen erheblich eingeengt.

Das bedeutete, daß bei Kriegsende eine enorme Nachfrage nach Investitions- und Konsumgütern, nach Kapital und nach Arbeitskräften vorhanden, daß aber andererseits die Aussicht, diese Nachfrage auch nur annähernd befriedigen zu können, praktisch minimal war. In dieser Situation konzentrierte sich das wirtschaftspolitische Interesse der Regierung vornehmlich auf die Lösung der drei Nachkriegsaufgaben — Reparationen, Wiederaufbau und Flüchtlingsfrage —, während die übrigen Aspekte zurücktraten. Daher verlief dann die wirtschaftliche

Entwicklung in Finnland nach 1944 mit der „Beinahe-Zwangsläufigkeit" so, wie wir das beobachtet haben. Budget-, Lohn-, Geld-, Außenhandels- und Preispolitik wurden unter dem Zwang dieser grundsätzlichen Entscheidung und den sich daraus ergebenden Veränderungen der ökonomischen Faktoren zu Trägern des Inflationsprozesses. Es fragt sich nun indessen, ob wir aufgrund dieser Feststellung bereits berechtigt sind, in der Ausgangssituation von 1944 und den daran anschließenden wirtschaftlichen Veränderungen die Ursache des Inflationsprozesses zu sehen.

2. Die Signalwirkung der Warenknappheit

Nach unserer Anschauung über die Inflation liegt dem Prozeß der Geldentwertung stets eine Krisensituation, wirtschaftlicher oder politischer Natur, zugrunde, die den Zweifel am Geldwert auslöst. Wenn wir nun, um diese These zu überprüfen, den Verlauf der Wirtschaftsentwicklung in Finnland in angebots- und nachfragewirksame Faktoren zerlegen, die sich ja hier als geeignetes Kriterium anbieten, dann ergibt sich folgendes Bild:

1. Die Instandsetzung des einheimischen Produktionsapparates und die differenzierten und umfangreichen Anforderungen im Zusammenhang mit der Reparationsverpflichtung, dem Wiederaufbau und der Kolonialisation absorbierten einen beträchtlichen Teil des Produktionsfaktorenpotentials. Diese Projekte trugen jedoch entweder überhaupt nicht zur Vergrößerung des kaufbaren Sozialprodukts bei (Reparationen) oder sie amortisierten sich erst sehr langfristig (Wohnungsbau, Aufbau der Metallindustrie). Daher war eine an der Nachfrage orientierte Steigerung des Investitions- und Konsumgüterangebots nicht möglich.

2. Der Versuch, den für Finnland ohnehin typischen und durch die Nachkriegsaufgaben noch vergrößerten Kapitalmarkt durch eine Belebung der Spartätigkeit zu beheben, schlug fehl. Weder Steuervergünstigungen noch die Einrichtung von Indexkonten brachten eine ins Gewicht fallende Zunahme der Spartätigkeit, denn bei den Einlagen auf diesen Sonderkonten handelte es sich überwiegend um Transfers von den normalen Sparkonten. Aus diesem Grund wirkten sich die Kapitalfehlleitungen (z. B. Überinvestitionen in der Holzindustrie) und die Folgen der Budgetpolitik (Staatsinvestitionen und Transferausgaben) um so nachteiliger aus, da hierdurch die Möglichkeiten für kurzfristige produktivitätssteigernde Investitionen und eine Ausweitung der Importfinanzierung empfindlich beschränkt wurden. Verglichen mit den gegebenen Voraussetzungen verlief daher die Steigerung des Gesamtangebots zu langsam.

3. Im Außenhandel war die Versorgung der Binnenwirtschaft mit den dringend benötigten Investitions- und Konsumgütern auf lange Sicht nur durch eine konsequente Erhöhung der Exportverdienste möglich. Allerdings lag das Hauptgewicht der Kapazitätserweiterung auf der rohstoffnahen Holzindustrie, während die Produktion höher veredelter Erzeugnisse und damit die Differenzierung des Exportangebots relativ langsam vorangetrieben wurde. Daher reichte die Zunahme der Realverdienste des Exports nicht aus, um den Importbedarf zu decken. Außerdem war die Einfuhr gerade in den ersten Nachkriegsjahren fast ausschließlich auf die Bedürfnisse der Reparationsindustrie ausgerichtet, so daß insgesamt gesehen der Außenhandel im Vergleich zu den vorhandenen Möglichkeiten nicht ausreichend genug zur Verbesserung des Angebots beigetragen hat.

4. Auf diese Gegebenheiten reagierte die finnische Wirtschaftspolitik mit dem weiteren Ausbau des Reglementierungs- und Kontrollsystems. Wie wir jedoch im Zusammenhang mit der Kredit- und der Importkontrolle, aber auch bei den Auswirkungen der Budget-, der Lohn- und der Preispolitik sahen, hatten diese Maßnahmen entweder nur eine institutionelle Begrenzung der Gesamtnachfrage zur Folge oder sie haben direkt oder indirekt eine zügige Vermehrung des Gesamtangebots gehemmt. Sie errichteten also unabhängig von den genannten drei originären Faktoren ein eigenes System inflationsrelevanter Tatbestände.

5. Dem stand nun eine stetige Ausdehnung der Kaufkraft gegenüber, da die Ausgaben zur Finanzierung der Nachkriegsaufgaben; die Lohn-, die Sozial- und die Landwirtschaftspolitik sowie die Einkommenseffekte eines Exportbooms bei dem herrschenden Nachholbedarf sofort zu einer Zunahme der Konsum- und Investitionsnachfrage führten.

Von unserem Inflationskonzept ausgehend, können wir diese Entwicklung als eine ununterbrochene Kette von Tatbeständen interpretieren, die, eine Angebotsknappheit signalisierend, das Vertrauen in die Währung dauernd erschüttert haben. Dabei waren all diese Tatbestände an sich eigentlich „inflationsneutral", denn die Angebotsknappheit war lediglich der Anstoß zu inflationistischen Reaktionen, während der Kaufkraftüberschuß die technischen Voraussetzungen für die Reaktion schuf. Wie oben bereits dargelegt (vgl. S. 111—112), muß ein solches Ungleichgewicht am Markt nicht unbedingt zu einer Inflation führen. Erst wenn diese beiden Komponenten sich im Bewußtsein der Wirtschaftssubjekte zu der Erkenntnis verdichten, daß ein Warenmangel herrscht, und ein ausreichend großer Teil der Bevölkerung auf diese Information mit der Bereitschaft, höhere Preise zu zahlen, reagiert, dann beginnt der Inflationsprozeß[1]. Die rein wirtschaftlichen Auswirkungen der Kriegsinflation, die Konsequenzen der Reglementierung und die Folgen der volkswirtschaftlichen Zwangslagen hatten also für den Verlauf der Inflation nur insoweit Bedeutung, als sie Tatbestände darstellten, die dazu geeignet waren, inflationistische Reaktionen in der Bevölkerung auszulösen. Ohne selbst Inflationsursache zu sein, haben sie lediglich die Voraussetzungen geschaffen, unter denen sich die Inflation entwickeln konnte.

Da die Veränderung wirtschaftlicher Größen jedoch stets den Keim zu einer inflationistischen Entwicklung in sich tragen und im Zusammenwirken mit politischen und psychologischen Faktoren eine bedeutende Rolle innerhalb des Inflationsverlaufes gespielt haben, können wir sie ohne Zweifel als Inflationserreger bezeichnen. Umgekehrt hat sich nun natürlich mit der fortschreitenden Geldentwertung ein ganzes System von Rückkoppelungskreisläufen herausgebildet, die den laufenden Inflationsprozeß ständig überlagerten und in Gang hielten. Dadurch wurde der Strom der inflationsauslösenden Nachrichten ständig in Fluß gehalten, und der Prozeß der Geldentwertung setzte sich fort bis er 1958/59, zumindest was den Bereich der wirtschaftlichen Faktoren angeht, zum Stillstand kam.

Die Tatsache, daß die Inflation 1962 wieder offen ausbrach, nachdem seit 1958 erstmalig ein Gleichgewicht von Angebot und Nachfrage bestanden hatte, deutet bereits daraufhin, daß es nicht nur die wirtschaftlichen Faktoren sind, die innerhalb des Inflationsverlaufes eine Rolle spielen.

II. Die politischen Faktoren

1. Wahlsystem und Interessenparteien

Unter den politischen Faktoren fassen wir die institutionellen Voraussetzungen des politischen Lebens, also das Wahlrecht und das Parteiensystem sowie die auf der politischen Ebene getroffenen Entscheidungen mitsamt ihrer Konsequenzen, zusammen. Die Bedeutung, die diese Faktoren für den Inflationsverlauf, aber vor allem für die Inflationsbekämpfung hatten, beruht auf zwei sich gegenseitig bedingenden

---

[1] Den gleichen Effekt können ja auch Preissteigerungen haben, etwa wenn es sich aufgrund einer Güterknappheit um administrierte Preise handelt. Dabei ist es nicht ausschlaggebend, daß solche Preiserhöhungen mit dem Tatbestand „Geldwertverlust" direkt assoziiert werden. Entscheidend bleibt die Verhaltensänderung, ausgelöst durch die bewußt oder unbewußt vollzogene Attitüdenänderung.

Sachverhalten: dem Wahlrecht und dem Interessencharakter der politischen Parteien.

Das finnische Wahlrecht folgt dem Prinzip der Verhältniswahl, deren Konsequenzen für das politische Leben wir kurz erläutern müssen, denn „das Wahlsystem ist ja soviel mehr als eine technische Einzelheit; es entscheidet, ob der soziologische Prozeß der Wahl in der Richtung der Bildung oder Mißbildung des politischen Willens geht"[1]. Während durch das Mehrheitswahlrecht[2] eine Tendenz zur Bildung weniger großer Parteien ausgelöst wird, deren politische Zielsetzungen sich nur in Details, nicht aber in grundsätzlichen Fragen unterscheiden, da sie für die große Masse der sog. Grenzwähler[3] akzeptabel sein müssen, tritt bei der Verhältniswahl die umgekehrte Entwicklung ein. Hier wird jeder Partei eine ihrem Stimmenanteil entsprechende Repräsentanz im Parlament garantiert und damit entfällt für die Parteien der Zwang zur „innerparteilichen" und „zwischenparteilichen" Integration"[4]. Da unter diesen Voraussetzungen selbst ein Wahlerfolg extremer politischer Gruppen möglich ist, führt das System der Verhältniswahl leicht zu einer Zersplitterung der politischen Kräfte und zur Bildung von Interessenparteien, die nicht in der Lage sind, sich auf ein gemeinsames Ziel zu einigen, sondern „die sich gegenseitig annulieren"[5]. Allerdings genügt das System der Verhältniswahl allein nicht, um diesen Effekt hervorzurufen, sondern als weitere Bedingungen müssen — wie das Beispiel Finnlands und das Gegenbeispiel der Bundesrepublik zeigt — außerdem noch tiefgehende soziale, ethnische, religiöse und ideologische Differenzen innerhalb der Bevölkerung und eine starke Affinität der Wähler zu ihren Parteien vorhanden sein.

Liegen alle drei Bedingungen vor, so führt dies fast mit Sicherheit zur Bildung von Parteien, die sich — im Gegensatz zu den Massenparteien im Mehrheitswahlrecht — nur auf bestimmte Wählerschichten stützen. Diese parlamentarischen Interessenvertreter konzentrieren sich dann in der Hauptsache auf die Durchsetzung eines Programms, das ausschließlich auf die Wünsche der durch sie repräsentierten Bevölkerungsgruppe zugeschnitten ist, und ihr Verhalten in politischen

---

[1] F. A. Hermens, Mehrheitswahlrecht oder Verhältniswahlrecht?, Berlin-München 1949, S. 7.
[2] Vgl. ibid., S. 27.
[3] Das ist diejenige Gruppe der Wähler, die sich keiner Partei verpflichtet fühlt und erst im Augenblick des Wahlaktes ihre Entscheidung trifft. Sie steht ideologisch in der Mitte der politischen Skala. Daher müssen sich die Parteiprogramme im Wettbewerb um diese Gruppe einander angleichen, da die Grenzwähler aufgrund ihrer zahlenmäßigen Stärke ausschlaggebend für den Wahlerfolg sind. (Vgl. F. A. Hermens, a.a.O., S. 26 und 29.)
[4] F. A. Hermens, a.a.O., S. 29.
[5] Ibid., S. 27.

Fragen außerhalb ihres eigenen Interessenbereiches orientieren sie an taktischen Gesichtspunkten. Daneben existiert für solche Parteien noch eine zweite Interessenlage, deren „oberstes Ziel" die „Selbsterhaltung der Partei" ist; „alles was damit in Konflikt steht oder zu stehen scheint, wird abgelehnt, und was alles diesem Zweck zu dienen scheint, wird bejaht, gleichgültig wie sehr es dem Gemeinwohl schaden mag"[6]. Außerdem sind für die Interessenparteien bei der Auswahl ihrer Kandidaten weniger deren Qualität als Interessengesichtspunkte ausschlaggebend. „Im Durchschnitt ist die Qualität solcher Abgeordneter gering[7]."

Aufgrund dieser institutionellen Voraussetzungen ist dann natürlich die Chance, zu einer einheitlichen Linie in der Regierungspolitik und insbesondere in der Wirtschaftspolitik zu kommen, äußerst gering.

„A system in which the support of different parties corresponds too closely to basic social division ... reflects a state of conflict so intense and clearcut, as to rule our compromise"[8].

Die finnischen Parteien entsprechen in der Tat diesem Bild einer Interessenvertretung, und das Parteiensystem spiegelt recht deutlich die verschiedenen soziologischen Differenzen innerhalb der Bevölkerung wider. Die Nationale Sammlungspartei am rechten Flügel steht noch in der Tradition des während der russischen Herrschaft erwachten finnischen Nationalismus und enthält außerdem christlich-konservative Züge. Die Finnische und die Schwedische Volkspartei, beide liberal, sind ein Ausdruck ethnischer Gegensätze zwischen Finnen und Finnlandschweden. Wirtschaftspolitisch vertreten sie die Interessen des Mittelstandes, wobei die Schwedische Volkspartei jedoch besonders enge Verbindungen zur Industrie und zur Hochfinanz hat. Der Bauernbund (inzwischen in Zentrumsparten umbenannt) ist die Partei der Kleinbauern, der Land- und Forstarbeiter, mit Schwerpunkten besonders in Mittel- und Nordfinnland. Seinen Einfluß auf die Wirtschaftspolitik haben wir schon mehrfach erwähnt. Die Agrarier entwickelten sich unter der Führung von Urho Kekkonen nach dem Kriege zur bedeutendsten Partei Finnlands.

Die Sozialdemokratische Partei vertritt in der Hauptsache die Stadtbevölkerung und Teile der Arbeiterschaft. Sie strebte in der Nachkriegszeit eine weitgehende Befreiung der Wirtschaft von der Reglementierung und eine stärkere Industrialisierung an. Allerdings legte sie sich nach den heftigen Konflikten mit den Kommunisten während

---

[6] F. A. Hermens, a.a.O., S. 24, vgl. auch S. 7—8.
[7] Ibid., S. 46.
[8] S. M. Lipset, Political man, London 1960, S. 31.

des Machtkampfes innerhalb der Gewerkschaften außen- und innenpolitisch mehr auf einen antikommunistischen Kurs fest. Damit geriet sie in Gegensatz zu der offiziellen Paasikivi-Kekkonen-Linie und galt deshalb seit dem Sturz Fagerholms 1958 nicht mehr als „koalitionsfähig". Der 1958 abgespaltene Flügel der Partei, die Sozialdemokratische Opposition, steht dagegen sowohl außen- als auch wirtschaftspolitisch weiter links.

Die Demokratische Union des Finnischen Volkes (kommunistisch) stützt sich auf weite Teile der Industriearbeiterschaft und der Landbevölkerung, besonders im Norden Finnlands. Sie verfolgt die Umwandlung des Staates in eine sozialistische Republik und die Verstaatlichung der Wirtschaft. Sie profitiert vor allem von den noch immer schwelenden Gegensätzen zwischen „Weißen" und „Roten" aus der Zeit des Bürgerkrieges und den sozialen Spannungen zwischen der ärmeren Bevölkerung Nordfinnlands und der wohlhabenderen Südfinnlands, ein Gegensatz, der bis zum II. Weltkrieg teilweise identisch war mit dem zwischen der finnisch- und schwedischsprachigen Bevölkerung[9].

Die Sitzverteilung im Reichstag (a) und die Stimmenanteile der verschiedenen Parteien (b) in den Jahren 1945—1962

	1945 (a)	1945 (b)	1948 (a)	1948 (b)	1951 (a)	1951 (b)	1954 (a)	1954 (b)	1958 (a)	1958 (b)	1962 (a)	1962 (b)
A	49	23,5	38	20,0	43	21,6	43	21,6	50	32,2	47	22,0
B									3	1,7	2	4,4
C	50	25,1	54	26,3	53	26,5	54	26,2	48	23,2	38	19,5
D	49	21,3	56	24,2	51	23,2	53	24,1	48	23,1	53	23,0
E	9	5,2	5	3,9	10	5,7	13	7,9	8	5,9	13	6,2
F	14	7,9	14	7,7	15	7,6	13	7,0	14	6,7	14	6,4
G	28	13,6	33	17,1	28	14,6	24	12,8	29	15,3	33	15,1

A = Demokratische Union des Finnischen Volkes (Suomen Kansan Demokraattinen Liitto)
B = Sozialdemokratische Opposition (Sosiaalidemokraattinen Oppositio)
C = Sozialdemokratische Partei (Sosiaalidemokraattinen Puolue)
D = Bauernbund (Maalaisliitto)
E = Finnische Volkspartei (Suomen Kansan Puolue)
F = Schwedische Volkspartei (Svenska Folkpartiet)
G = Nationale Sammlungspartei (Kokoomus)

Quelle: J. M. Jansson, Post-war election in Finland, MB 1962, No. 4, S. 24.

---

[9] Vgl. A. Goodrich, A study ..., a.a.O., S. 109—113, 127—135 und 139—141; F. Valros, Finland efter ..., a.a.O., S. 23—32, 51—63, 70—71; J. M. Jansson, Post-war elections ..., a.a.O., S. 22—27; C. E. Knoellinger, Labor ..., a.a.O., S. 24; S. M. Lipset, a.a.O., S. 122 Fußnote 63, S. 124 Fußnote 67 und S. 236.

Wie die Tabelle zeigt, war die Wähleraffinität zu den Parteien außerordentlich stark[10] und es gelang keiner der Parteien, eine absolute Mehrheit im Reichstag zu erringen. „Das bedeutet, daß weder eine klare Entscheidung vorliegt noch eine Einigung über eine gemeinsame Führung. Die Regierungsbildung ist dann eine Aufgabe nicht des Volkes, sondern der parlamentarischen Fraktionen[11]." Folglich hing die politische Stärke der Koalitionsregierung im wesentlichen davon ab, wie breit die Basis des von den Koalitonspartnern ausgearbeiteten Regierungsprogrammes war. Allerdings mußte man dann weitgehend auf die Konzipierung eines langfristigen Wirtschaftsprogrammes zur Stabilisierung der Währung verzichten, da bei der Verschiedenheit der wirtschaftlichen Interessen der Parteien gerade auf diesem Gebiet keine Einigung zu erreichen war. Aus dem gleichen Grund war dann auch die Lebensdauer der Koalitionsregierung meist recht kurz, da gerade die wirtschaftspolitischen Probleme eine so bedeutende Rolle in der Nachkriegszeit spielten, und die Gefahr, daß eine Koalition an einer solchen Frage auseinanderbrach, dauernd gegeben war[12].

Bei dieser politischen Instabilität war die Linie der finnischen Wirtschaftspolitik fast ausschließlich davon bestimmt, inwieweit es einer Partei gelang, zeitweilig einen stärkeren Einfluß auf die Gestaltung der Regierungspolitik auszuüben.

„Nach dem Ende der Reparationszeit haben die für die Wirtschaftspolitik Verantwortlichen kein zusammenhängendes, langfristiges Programm mit konkretem Inhalt formuliert. Statt dessen stand je nach den Umständen, d. h. je nach den politischen Gruppierungen oder den häufigen Regierungswechseln, mal die eine mal die andere Zielsetzung im Mittelpunkt. Charakteristisch ist auch, daß die verschiedenen verantwortlichen Instanzen, etwa die Regierung, der Reichstag oder die Notenbank, teilweise unterschiedliche Ziele hatten und sogar versuchten, eine verschiedenartige Politik zu betreiben. Eine einheitliche Meinung über den erstrebenswerten Verlauf (der wirtschaftlichen Entwicklung) hat sich überhaupt nicht herauskristallisiert. Lediglich ein Ziel scheint die ganze Zeit über festgestanden zu haben, nämlich „Vollbeschäftigung". Aber schon die Tatsache, daß man den Inhalt dieses Begriffs unterschiedlich interpretieren kann, bedeutete, daß nicht einmal ein solches Ziel in der Realität eine wirkliche Bedeutung hatte. Es war darüber hinaus keineswegs in jedem Augenblick wegweisend für die Wirtschaftspolitik, manchmal, weil andere Zielsetzungen, die zufällig als besonders wichtig angesehen wurden, schwer mit der Vollbeschäftigung vereinbar waren, oder, weil Vollbeschäftigung auf kurze Sicht ein Hindernis für die Vollbeschäftigung auf lange Sicht darstellte"[13].

---

[10] Der Stimmenverlust bei den Sozialdemokraten geht ja auf die Spaltung der Partei zurück.
[11] F. A. Hermens, Mehrheitswahlrecht..., a.a.O., S. 34.
[12] Zur Zeit amtiert die 21. Nachkriegsregierung. Vgl. dazu auch F. A. Hermens, Demokratie oder Anarchie, Frankfurt (M.) 1951, S. 303—305.
[13] E. Dahmén, Ekonomisk utveckling..., a.a.O., S. 14.

2. Die Bedeutung der politischen Zersplitterung für die Inflationsbekämpfung

Die Konsequenz der geschilderten Situation war also, daß es im Hinblick auf die Linie der Wirtschaftspolitik und damit auch in der Frage der Antiinflationspolitik keinen Konsensus unter den Parteien gab. Das hatte nun eine Reihe schwerwiegender Folgen für den Kampf gegen die Inflation.

1. Aufgrund der parteipolitischen Differenzen war es nach 1944 nicht möglich, das Wirtschaftssystem, das im Laufe des Krieges entstanden war, wieder zu beseitigen und den Übergang zu einer freieren Wirtschaftsordnung, so wie sie in der Vorkriegszeit bestanden hatte, zu vollziehen.

2. Im Bereich der praktischen Wirtschaftspolitik gelang es nur, kurzfristige Aktionsprogramme oder institutionelle Maßnahmen zur Bekämpfung von Symptomen der Inflation zu planen und durchzuführen. Im Zusammenwirken wirtschaftlicher und politischer Faktoren bildeten sich daher im Laufe der Zeit die verschiedenen Inflationsquellen heraus. Staatshaushalt, Arbeitsmarkt, Geldmarkt, Außenhandel und Preisentwicklung sind also lediglich die Bereiche, in denen die wirtschaftlichen und politischen Triebkräfte der Inflation sichtbar zutage traten.

3. Die Bekämpfung dieser Inflationsherde, also die Begrenzung und Sanierung des Budgets, die Abschaffung der Indexbindung für Löhne, die Unabhängigkeit der Notenbank und ihrer Politik und die Revision der Außenhandels- und der Preispolitik konnten die Parteien aus der Sicht ihrer eingegrenzten Interessenideologien nicht billigen. Das heißt aber doch praktisch, daß der Kampf gegen die Inflation überhaupt nicht aufgenommen wurde.

Daher kam es natürlich auch nicht zu der für die Inflationsbekämpfung so wichtigen Koordination von Finanz- und Geldpolitik oder zu einem Einsatz finanzpolitischer Instrumente im Sinne der Fiscal Policy.

„Ob die Finanzpolitik zum Ausgleich der Konjunkturschwankungen herangezogen werden kann, ist vollkommen abhängig von den innerpolitischen Stärkeverhältnissen, von dem Umfang der bei den beschließenden Instanzen vorhandenen wirtschaftlichen Kenntnisse und von dem organisatorischen und juristischen Rahmen der Budgetbehandlung ... Hauptsächlich aufgrund von innerpolitischen Ursachen ist unsere Finanzpolitik nie richtig wirksam gewesen, und irgendwelche großen Linien hat man eigentlich niemals feststellen können"[14].

---

[14] H. Valvanne, Der Staatshaushalt und die Konjunkturpolitik, in: Unitas 1962, No. 2, S. 68.

4. Eine weitere Folge der scharfen Gegensätze gerade auf wirtschaftspolitischem Gebiet war die Konzentration der parteipolitischen Auseinandersetzungen auf die Umverteilung des Sozialprodukts. Der Kampf um einen relativ größeren Anteil am Sozialprodukt verlagerte sich also von der wirtschaftlichen Ebene auf die parlamentarische, da die Identität von Wählergruppen und soziologischen Gruppen weitgehend gegeben war. Hier spielt allerdings auch mit hinein, daß der Staat im und nach dem Kriege die Verantwortung für den Ablauf des Wirtschaftsprozesses an sich gezogen hatte. Im Zuge dieser Entwicklung wurden also immer neue und höhere Ansprüche an das Sozialprodukt gestellt (z. B. in der Lohn- oder der Landwirtschaftspolitik). Die sich hieraus ergebenden wirtschaftlichen Folgen waren dann wiederum erneut ein Anlaß zu weiteren inflationistischen Reaktionen.

5. Schließlich ergab sich dann aus der Unfähigkeit des Parlaments zu einer klaren Beschlußfassung und der damit zusammenhängenden Handlungsunfähigkeit der Regierung sowie den häufigen Regierungswechseln eine weitere Folge, die vor allem in den psychologischen Bereich ausstrahlte. Die Regierung und das Parlament verloren nämlich ihre Glaubwürdigkeit und ihre Autorität. Damit waren die Chancen, das Ansehen und das Gewicht dieser beiden Institutionen im Rahmen einer Stabilisierungspolitik mit in die Waagschale zu werfen, vertan. Das hatte dann wieder Rückwirkungen auf die Einstellung der Bürger zu ihrem Staat.

„The stability of any given democracy depends not only on economic development but also upon the effectiveness and the legitimacy of its political system. Effectiveness means actual performance, the extent to which the system satisfies the basic functions of government as most of the population ... see them. Legitimacy involves the capacity of the system to engender and maintain the belief that the existing political institutions are the most appropriate ones for the society. The extent to which contemporary political systems are legitimate depends in large measure upon the ways in which the key issues which have historically divided the society have been solved"[15].

Aus dem bisher Gesagten geht sehr anschaulich die enge Verbindung wirtschaftlicher und politischer Faktoren innerhalb des Inflationsprozesses hervor. Aufgrund unserer Beobachtungen erscheint es nämlich keineswegs so, als ob die wirtschaftliche Entwicklung in Finnland nach dem Kriege zwangsläufig so verlaufen mußte, wie es der Fall war. Vielmehr erscheint es nicht unberechtigt anzunehmen, daß mannigfache Möglichkeiten bestanden, den Prozeß der Geldentwertung zu stoppen. Da sich die Antiinflationspolitik jedoch nur auf die Bekämpfung von Inflationssymptomen beschränkte, hatte sie in Wirklichkeit überhaupt keinen Einfluß auf den eigentlichen Inflationsab-

---

[15] S. M. Lipset, a.a.O., S. 77; vgl. J. Åkerman, An institutional ..., a.a.O., S. 9.

lauf. In diesem Zusammenhang ist vor allem an den Indexmechanismus zu erinnern, der jede Möglichkeit, die Ausbreitungsgeschwindigkeit der Inflation und den Korrekturgrad der Attitüdenänderungen zu steuern, von vorne herein ausschloß. Aber auch die übrigen Kontrollmaßnahmen wirkten entweder nur als institutionelle Beschränkungen der Reaktionsformen oder als Mittel zur Dämpfung der Reaktionsintensität.

Das Ziel eines wirklichen Kampfes gegen die Inflation hätte dagegen die konsequente Steigerung des Güterangebots und die Beseitigung des Reglementierungsapparates sein müssen. Dann hätte nämlich der freie Markt den Ausgleich zwischen Angebot und Nachfrage wieder übernehmen können, und der hauptsächliche Anlaß für die inflationistischen Reaktionen der Bevölkerung wäre beseitigt worden. Gleichzeitig wäre damit auch das gesamte System der „feed-back-circuits" zusammengebrochen. Selbst wenn wir davon ausgehen, daß eine solche Politik bis 1952, wegen der unvorhersehbaren außenpolitischen Konsequenzen einer Nichterfüllung der Reparationsverpflichtung, der finnischen Regierung zu riskant erschien, dann bleibt immer noch unklar, warum nach 1952 kein Versuch einer zielstrebigen Inflationsbekämpfung unternommen worden ist. Die Antwort hierauf kann man nur mit dem Hinweis auf die politischen Verhältnisse geben. So haben also einerseits politische Faktoren wirtschaftliche Tatbestände geschaffen, die die Inflation in Gang hielten. Andererseits haben dann die wirtschaftlichen Faktoren wiederum die Möglichkeit für eine Einigung im politischen Bereich erschwert. Diese Beobachtung läßt sich auch auf den erneuten Inflationsausbruch im Jahre 1962 übertragen. Allerdings zeigt gerade dieses Beispiel, daß neben wirtschaftlichen und politischen Faktoren auch psychologische Elemente eine entscheidende Rolle im Inflationsprozeß spielen.

III. Die psychologischen Faktoren

1. Die Erschütterung des Geldwertvertrauens

Als psychologische Faktoren wollen wir hier die Attitüden und Verhaltensweisen bezeichnen, die als Voraussetzung oder Reaktionen für den Verlauf der Inflation in Finnland von Belang waren. Da uns hierüber kein empirisches Material vorliegt, müssen wir versuchen, die Bedeutung dieser Faktoren deduktiv zu erfassen, wobei uns die wenigen Beispiele sozialpsychologischer Reaktionen als Stütze dienen. Den Ausgangspunkt unserer Betrachtung bildet wiederum die Kriegsinflation, durch die das Vertrauen der Bevölkerung in die Währung gründlich erschüttert worden war. Die Grundzüge der psychologischen Komponente des Inflationsprozesses lassen sich nun folgendermaßen zusammenfassen:

1. Die für das wirtschaftliche Handeln geltenden Verhaltensmuster der Bevölkerung hatten sich unter der Einwirkung der kriegsbedingten Ausnahmesituation grundlegend gewandelt. Die Inflationserwartung war fast zwangsläufig in das Verhaltenskonzept eingegangen und damit waren sowohl die Reaktionsbereitschaft als auch die Reaktionsintensität in der Nachkriegszeit ungewöhnlich hoch. Hinzu kommt, daß mit dem ständigen Ausbau des Reglementierungsapparates die Verantwortung für die Gestaltung des wirtschaftlichen Prozesses immer mehr auf den Staat übergegangen war, so daß schließlich ein Wirtschaftssystem entstanden war, das in seiner Funktionsweise, wenn auch nicht in seiner institutionellen Form, einer zentralgelenkten Wirtschaft entsprach.

2. Aus dem Zusammenwirken wirtschaftlicher und politischer Faktoren entsprang ein anhaltender Strom inflationsauslösender Information, der ständig zu neuen inflationistischen Reaktionen und Verhaltensänderungen Anlaß gab. Das System von Rückkoppelungskreisläufen, dem wir immer wieder begegnet sind, konnte sich also erst durch den Einfluß psychologischer Faktoren ausbilden. Die im Krieg entstandenen Verhaltensmuster verankerten sich daher so tief im Bewußtsein der Bevölkerung, daß sie auch dann noch beibehalten wurden, als sich die wirtschaftliche Situation nach 1952 mit der Überwindung der Kriegsfolgen allmählich besserte[1]. In diesem Zusammenhang wog die Überbewertung des Lebenshaltungskostenindex besonders schwer, da sich die Veränderung der wirtschaftlichen Faktoren über kurz oder lang in einem Anstieg der Lebenshaltungskosten äußert. Bei der starken Beachtung, die diesem Index entgegengebracht wurde, wirkte er als Dauerkatalysator innerhalb des Inflationsprozesses.

3. Der Autoritätsverlust, den die politischen Institutionen erlitten, führte bei der Bevölkerung zu einem Wandel der Einstellung zum Staat. „This political wrangling and governmental instability produced in the minds of many Finns a definite cynicism, a sort of what-difference-does-it-make attitude...[2]." Diese sehr negative Einstellung zum Staat steht aber in enger Korrelation zu der Geldwertattitüde[3].

---

[1] Das würde die Spontaneität der Reaktion auf die ersten Anzeichen einer neuen Inflationswelle in den Jahren 1956/57 und 1962 erklären.

[2] A. Goodrich, A study ..., a.a.O., S. 128.

[3] Ein recht anschauliches Beispiel hierfür ist das weitverbreitete Mißtrauen in der Bevölkerung anläßlich der bevorstehenden Währungsreform. (Vgl. auch S. 65 Fußnote 38.)

„Der Geldwert als Glaube der Bevölkerung an das durch die Staatsautorität geschützte und gewährleistete Geld steht und fällt... mit dem Staatsbewußtsein und der staatsbürgerlichen Loyalität der Bürger[4]."

2. Die Korrektur der Geldwertattitüde

Wenn wir nun unsere gesamten bisherigen Beobachtungen nach den Kategorien unseres Inflationskonzeptes systematisieren, so ergibt sich folgendes Bild:

1. Wirtschaftliche, politische und psychologische Faktoren zusammengenommen erzeugten eine inflations„freundliche" Atmosphäre. Sie trugen also den Keim der Inflation in sich, da sie eine ununterbrochene Kette von Tatbeständen (Krisensituationen) schufen, die dazu geeignet waren, den Zweifel am Gelde immer wieder neu zu wecken.

2. Aus diesem Grunde wurde die Bereitschaft zur Reaktion ständig wachgehalten und die Reaktionsintensität blieb hoch.

3. Gleichzeitig trat damit eine zunehmende Radikalisierung der Reaktionsformen ein. In diesem Zusammenhang sind die soziologischen Differenzen innerhalb der Bevölkerung und die scharfen parteipolitischen Kontroversen hervorzuheben. Sie waren nämlich einerseits ein Anlaß zur Radikalisierung der Reaktionsformen und andererseits ein Ausdruck radikaler Reaktionen.

Unter diesen Voraussetzungen wäre es unrealistisch anzunehmen, daß die Zweifel an der Beständigkeit der Währung, die ja schon in der Kriegszeit aufgetreten waren, nicht auch während der Nachkriegsjahre lebendig blieben. Wir gehen nun weiter davon aus, daß der ständigen Erschütterung des Geldwertvertrauens auch die dauernde Korrektur der Geldwertmeinung gefolgt ist. Eine Bestätigung für diese Annahme erhalten wir dann aus dem Nachweis dementsprechender Reaktionen der verschiedenen Bevölkerungsgruppen.

3. Die Gruppenreaktionen

Mit der gleichgerichteten Aktion bestimmter Gruppen der Gemeinschaft als Folge einer negativ veränderten Geldwertattitüde wird die Inflation sichtbar (vgl. S. 12—13). Die Bereiche, in denen die Inflation dann zutage tritt, haben wir daher Inflationsquellen genannt. Wenn wir nun die Verhaltensweisen verschiedener soziologischer Gruppen in Finnland auf die Komponente „Inflationserwartung" hin überprüfen, dann dürfen wir dabei nicht übersehen, daß unter Umständen

---

[4] G. Schmölders, Geldpolitik, a.a.O., S. 71.

auch eine Reihe psychologischer Faktoren, die nicht in unmittelbarem Zusammenhang mit der Geldwertmeinung stehen, sowie rein institutionelle Faktoren für die objektiv erfaßbaren Verhaltensformen ausschlaggebend sein können.

Für die Reaktionen des Staates, dessen Verhalten ja durch die Interessen der politischen Parteien bestimmt wird (vgl. S. 84), können wir indessen mit einiger Sicherheit annehmen, daß sie sowohl von dem Motiv der Antizipation zukünftiger Geldwertverluste als auch von dem Bestreben, einen bereits eingetretenen Geldwertschwund zu kompensieren, getragen waren. Da die Arbeiter und die Bauern ihre Forderungen im wesentlichen über ihre Vertretungen im Parlament vorbrachten, gilt für diese beiden Gruppen dasselbe Verhaltenskonzept.

Über die Reaktionen der Unternehmer können wir nur sehr wenig aussagen, da ihre parlamentarische Repräsentanz nicht das Gewicht der Agrarier oder der Sozialdemokraten hatte. Darüber hinaus besitzt diese Gruppe keine so straff organisierte Vertretung wie die Bauern und Arbeiter. Auch aus der Preisentwicklung lassen sich kaum konkrete Schlußfolgerungen ziehen, denn die Entwicklung des Preisniveaus war von zu vielen heterogenen Einflußfaktoren geprägt. Lediglich aus der Entwicklung der Kreditnachfrage (vgl. S. 115/116) oder den Preissteigerungen im Jahre 1960 (vgl. S. 60) könnte man eventuell eine Tendenz zur Antizipation herauslesen.

Dagegen deutet die auffallende, negative Korrelation von Preisentwicklung und Spartätigkeit darauf hin, daß hier eine enge Beziehung zwischen der Entwicklung des objektiven Geldwertes und der Veränderung der Geldwertmeinung bestand. Wenn man von der Indexsicherung des Sparkapitals als antizipativer Maßnahme einmal absieht, scheint es sich bei dem Verhalten der Sparer im wesentlichen nur um eine Reaktion auf den Inflationsverlauf gehandelt zu haben.

Die eindeutigsten Zeichen einer Gruppenreaktion auf die Veränderung des Preisniveaus waren indessen die verschiedentlich auftretende Kaufpanik und die Flucht in die Sachwerte. Auch hier vermischten sich wahrscheinlich die reagierende und die antizipative Komponente. Aber daß es sich bei dieser Erscheinung ganz eindeutig um Reaktionen auf vorgegebene Krisensituationen handelt und daß diese Verhaltensweisen eine veränderte Einstellung zum Geld ausdrücken, kann wohl kaum bestritten werden. Ohne Zweifel haben diese Reaktionen auf die Inflation ihrerseits den Inflationsprozeß nach dem Rückkoppelungsprinzip wiederum erneut angestoßen.

4. Die Ursache der Inflation

Wir haben bisher die verschiedenen Aspekte des Inflationsverlaufes immer mit den Begriffen Inflationsquelle, Inflationsträger oder Inflationserreger umschrieben. Berechtigterweise könnte man nun fragen, aus welchen Gründen wir nicht die Budget-, Lohn-, Kredit-, Außenhandels- und Preisentwicklung oder aber die in diesen Bereichen betriebene Politik als Inflationsursachen bezeichnet haben; denn zweifelsohne haben alle diese verschiedenen Sektoren bzw. die entsprechenden politischen Maßnahmen die Inflation mehr oder minder stark gefördert. Dagegen spricht jedoch, daß all diese genannten Faktoren für die verschiedenen Phasen der Inflation zwar hinreichende, aber keine notwendigen Bedingungen sind. Weder die Korrektur der Geldwertmeinung noch die Gruppenreaktionen sind denkbar ohne die Erschütterung des Geldwertvertrauens.

Nur wenn man bei der Betrachtung des Inflationsprozesses davon ausgeht, daß das Vertrauen in die Währung ins Wanken geraten ist und daß dadurch die Bereitschaft zu einer Reaktion geweckt wird, lassen sich die wirtschaftlichen, politischen und psychologischen Faktoren sinnvoll einordnen und zu einem geschlossenen System verbinden. Denn aus der Tatsache eines Angebots-Nachfrage-Ungleichgewichts allein läßt sich weder das Phänomen inflationistischer Preissteigerungen noch die Dauerhaftigkeit des Inflationsprozesses denknotwendig ableiten. Der Verlauf der Inflation in Finnland, die Funktionsweise der Inflationsträger und die Bedeutung der Inflationserreger hat dies sehr deutlich gezeigt.

Literaturverzeichnis

Abkürzungen

EST = Ekonomiska Samfundets Tidskrift

EU = Ekonomiska Utredningar, hrsg. vom Forschungsinstitut der Bank von Finnland, Helsinki

KOP = Quartalsberichte der Kansallis-Osake-Pankki, Helsinki

MB = Monatsberichte der Bank von Finnland

Unitas = Quartalsberichte der Pohjoismaiden Yhdyspankki/Nordiska Föreningsbanken, Helsinki

Åkerman, J.: An institutional approach to the problem of inflation, in: Stabile Preise in wachsender Wirtschaft, Tübingen 1960.

Alho, K. O.: The present economic position in Finland, in: MB 1946, No. 1—3.

— The economic position in Finland in 1947, in: MB 1948, No. 1—2.

— The economic position in Finland in 1948, in: MB 1949, No. 1—2.

— The economic position in Finland in 1950, in: MB 1951, No. 1—2.

— The economic position in Finland in 1952, in: MB 1953, No. 1—2.

Bärlund, R.: Finland's balance of payments in 1960, in: MB 1961, No. 7.

Baumert, G.: Meinungsbildung und öffentliche Meinung in der modernen Gesellschaft, in: Die politische Urteilsbildung in der Demokratie, Hannover 1961.

Bethusy-Huc, Viola Gräfin von: Demokratie und Interessenpolitik, Wiesbaden 1962.

Bombach, G.: Ursachen der Nachkriegsinflation und Probleme der Inflationsbekämpfung, in: Stabile Preise in wachsender Wirtschaft, Tübingen 1960.

Dahmén, E.: Ekonomisk utveckling och ekonomisk politik i Finland, Helsinki 1963.

Ehrnrooth, G.: Das neue Jahr, in: Unitas 1963, No. 1.

Fieandt, R. von: Beskattning såsom medel i kampen mot inflationen, in: Vårt näringsliv och kriget, Helsinki 1944.

— Finnish joint stock banks 1939—1944, in: Unitas 1945, No. 1.

— Samhället i svårigheter, in: EST, No. LXX, 1947.

— Inflationens grundorsak och förutsättningar för ekonomisk stabilisering, in: Nordiska Föreningsbankens Månadsrapport, August 1951, No. 14.

Giersch, H.: Inflation, in: Handbuch der Sozialwissenschaften, Bd. 5, Stuttgart-Tübingen-Göttingen 1956.

Goodrich, A.: A study in Sisu, New York 1960.

Haberler, G.: Geldinflation, Nachfrageinflation, Kosteninflation, in: Stabile Preise in wachsender Wirtschaft, Tübingen 1960.

Hakkarainen, J.: The averting of unemployment in Finland, in: MB 1957, No. 4.

Hansen, B.: A study in the theory of inflation, London 1951.

Helelä, T.: Prices and wages in Finland, 1958—62, in: MB 1963, No. 7.

Hermens, F. A.: Mehrheitswahlrecht oder Verhältniswahlrecht?, Berlin-München 1949.

— Demokratie oder Anarchie, Frankfurt 1951.

Ilaskivi, R.: The Finnish commercial banks, in: MB 1956, No. 5.

— Rahapolitiikka ja taloudellinen tasapaino Suomessa toinen maailmansodan jälkeen, Helsinki 1959.

Iloniemi, J.: Finnland in internationalen Organisationen, in: Finnland im Brennpunkt, Vortragsreihe in der Finnischen Handelshochschule Helsinki vom 6. und 7. 4. 1963, als Manuskript veröffentlicht.

James, E.: A general survey of post-war inflation, in: Inflation, Proceedings of a conference held by the International Economic Association, London 1962.

Jansson, J. M.: Post-war elections in Finland, in: MB 1962, No. 4.

Junnila, T.: Die staatliche Besteuerung in den Kriegsjahren, in: EU 1942.

— Statshushållningens utveckling, in: EU 1943.

— Sedelutbytet vid årsskiftet 1945/46, in: EU 1946.

— Public economy of Finland during the war and after the armistice, in: MB 1946, No. 7—9.

— Finland introduces the indexclause in deposit and credit business, in: KOP 1955, No. 4.

— Have the remedies adopted in our monetary policy been correctly chosen?, in: KOP 1956, No. 3.

— Tightening credit market, in: KOP 1962, No. 3.

— The market situation and the imbalance of the money market, in: KOP 1963, No. 1.

Kärkkinen, H.: Die Integrationsbestrebungen des internationalen Handels und der finnische Außenhandel, in: Finnland im Brennpunkt ..., Helsinki 1963.

Karjalainen, A.: Holz- und Volkswirtschaft, Helsinki 1957.

Knoellinger, C. E.: Supply of capital and financial policy, in: Unitas 1946, No. 1.

— Labor in Finland, Cambridge, Mass., 1960.

Korhonen, G.: The possibilities of abolishing import control, in: KOP 1955, No. 2.

Korpelainen, L.: The Finnish economy in 1962, in: MB 1963, No. 3.

Kullberg, R.: Penningmarknaden i Finland åren 1939—1952, Lizenziatenarbeit für die Åbo Akademie, Åbo 1955, unveröffentlicht.

— Betalningsbalans och penningpolitik, in: EST 1964: II.

Laatto, E.: The Finnish economy in 1957, in: MB 1958, No. 2.

Lagus, K.: Pris- och löneutvecklingen, in: EU 1949.

— Pris- och löneutvecklingen, in: EU 1953.

Lagus, K.: Prisutvecklingen och stabiliseringsprogrammen 1956—1957, in: EU 1957.
— Priser och löner åren 1958 och 1959, in: EU 1959: II.
— Priser och löner 1959—1960, in: EU 1960.
— Priser och löner 1960—1962, in: EU 1962: II.

Laurila, E. H.: On factors affecting wage and price changes, in: KOP 1955, No. 3.
— The recent development of wages and prices, in: KOP 1957, No. 2.

Leppo, M.: Die ordentlichen Einnahmen und die Kreditaufnahme als Mittel der Kriegsfinanzierung, in: EU 1942, deutsche Ausgabe.
— Statsfinanserna och penningvärdet, in: EU 1944.

Lindgren, V.: Några dater om Finlands importhandel efter krigsutbrottet, in: Vårt näringsliv och kriget, Helsinki 1944.

Linnamo, J.: The structure and the distribution of credits to the private sector in Finland in 1948—1955, in: MB 1956, No. 10.
— The Bank of Finland in 1957, in: MB 1958, No. 1.
— Bytesbalansens jämnvikt och Finlands tillväxtproblem, in: Unitas 1964, No. 2.

Lipset, S. M.: Political man, London 1960.

Mäki, A.: The trend of development in agriculture and the stabilisation of agricultural income, in: KOP 1956, No. 2.

Makkonen, V.: The development of Finland's foreign trade after the devaluation, in: KOP 1958, No. 3.

Meinander, N.: Penningpolitiken under etthundrafemtio år (Finlands Bank 1811—1961), Helsinki 1963.

Melin, I. S.: Public enterprise in Finland, in: MB 1964, No. 3.

Molander, A.: Recent developments of prices and wages, in: KOP 1963, No. 3.

Neumark, F.: Begriff, Arten und Ursachen der Inflation, in: Vom Wert des Geldes, Stuttgart 1961.

Niitamo, O. E.: Productivity in Finnish industry after the Second World War, in: Unitas 1958, No. 3.
— Zur Entwicklung des finnischen Wirtschaftslebens, in: Finnland im Brennpunkt ..., Helsinki 1963.

Nousiainen, J.: Finlands politiska partier, Stockholm 1960.

Nykopp, J.: Arbeitslöhne und Inflation, in: Unitas 1959, No. 3.
— „Reparationen erzwangen raschen Aufbau", Handelsblatt vom 4. 9. 1961.

Pajunen, P.: Statshushållningens utveckling efter vapenstilleståndet, in: EU 1946.

Paunio, J. J.: Die finnische Volkswirtschaft, Sonderdruck aus: Finnland, Geschichte und Gegenwart, Helsinki 1961.

Pipping, H. E.: Finlands näringslivet efter andra världskriget, Helsinki 1954.
— The origin and early development of central banking in Finland, in: MB 1961, No. 12.

Pulkkinen, T.: Employment policy in Finland, in: MB 1964, No. 7.

Ristimäki, J.: The financing of capital formation by the public sector in Finland, in: MB 1962, No. 9.

Röpke, W.: Die Lehre von der Wirtschaft, Stuttgart 1961.
Rossi, R.: The Bank of Finland in 1955, in: MB 1956, No. 1.
Schmölders, G.: Geldpolitik, Tübingen und Zürich 1962.
Schneider, E.: Einführung in die Wirtschaftstheorie, II. Teil, Tübingen 1961.
Schybergson, H.: Beskattning, bokslut och inflation, in: Vårt näringsliv och kriget, Helsinki 1944.
Stjernschantz, G.: Die Werbung der Geschäftsbanken, Referat beim II. Internationalen Bankseminar der AIESEC in Düsseldorf, veröffentlicht im Auswertungsbericht des Seminars vom Deutschen Komitee der AIESEC e. V., Köln 1962.
— Die europäische Konjunkturlage und Finnland, in: Unitas 1962, No. 4.
— „Vår inflation och andras", Hufvudstadsbladet vom 11. 7. 1964.
Suviranta, B.: Ein Wirtschaftsprogramm, in: Unitas 1942, No. 1.
— Some aspects on banking policy during inflation, in: Unitas 1951, No. 4.
— The completion of Finland's war indemnities, in: Unitas 1952, No. 3.
— Wage-inflation in post-war Finland, in: Inflation, Proceedings of a conference held by the International Economic Association, London 1962.
— Über die finnische Währungspolitik in der Nachkriegszeit, in: Weltwirtschaftliches Archiv, Bd. 91, Heft 1, Hamburg 1963.
Tilli, K.: Indexsystemet i våra penninginstitut, in: EST 1962, No. 2.
Törnqvist, E.: Die Entwicklung und Regelung der Preise, in: EU 1942.
— Om prisreglementeringens mål och medel, in: Vårt näringsliv och kriget, Helsinki 1944.
— Pris- och löneutvecklingen, in: EU 1944.
— Pris- och löneutvecklingen år 1945, in: EU 1945: II.
— Löne- och prispolitiken, in: EU 1946.
— Statens subventionspolitik, in: Unitas 1950, No. 2.
Toikka, O.: Development in monetary capital during recent years, in: Unitas 1950.
— Die Eigenmittel der Geschäftsbanken und das Bankengesetz, in: Unitas 1959, No. 3.
Toivonen, O.: Shall there be control or not?, in: Unitas 1951, No. 1.
Tudeer, A. E.: Förändringar i sedelstocken under kriget, in: EU 1944.
Tuomioja, S.: Om statshushållningens utveckling under krigstiden, in: Unitas 1945, No. 1.
— The devaluation of the Mark, in: MB 1949, No. 7—8.
Tudeer, A. E.: The Bank of Finland in 1939—45, in: MB 1946, No. 1—3.
— The Bank of Finland in 1946, in: MB 1947, No. 1—3.
— The Bank of Finland in 1947, in: MB 1948, No. 1—2.
— The Bank of Finland in 1952, in: MB 1953, No. 1—2.
Väyrynen, O.: Demobilisation of price control in Finland, in: MB 1954, No. 4.
Valvanne, H.: Public finance in 1947, in: MB 1948, No. 11—12.
— Public finance in a quandary, in: KOP 1955, No. 2.

Valvanne, H.: Der Staatshaushalt und die Konjunkturpolitik, in: Unitas 1960, No. 2.
— The Bank of Finland in 1961, in: MB 1962, No. 1—2.
— The monetary reform of 1963, in: MB 1962, No. 4.
— Public finance in 1961, in: MB 1962, No. 8.
Valros, F.: Finland efter år 1946, Helsinki 1952.
Vartiainen, H.: The Finnish economy in 1963, in: MB 1964, No. 4.
— Public finance in 1963, in: MB 1964, No. 9.
Vennamo, V.: Agricultural reform and resettlement problems, „The Statist", London, August 1955.
Viita, P.: The Finnish economy in 1956, in: MB 1957, No. 2.
Virkkunen, M.: The control of post-war inflation in Finland, „The Statist", London, April 1955.
— Deposit accounts with an index clause, in: KOP 1955, No. 2.
Wahlroos, B.: Voraussetzungen und Konkurrenzfähigkeit der finnischen Industrieproduktion, in: Finnland im Brennpunkt ..., Helsinki 1963.
Waris, H.: Samhället Finland, Stockholm 1961.
— Economic growth and social welfare, in: MB 1962, No. 12.
Waris, K.: Den reglementerade hushållningens framtid, in: Unitas 1946, No. 1.
— Structural changes in Finnish prices, in: MB 1946, No. 4—6.
— The disturbance in the equilibrium of Finland's trade and industry, in: Unitas 1948, No. 2.
— Index and wages, in: Unitas 1950, No. 1.
— A retrospect of monetary development in Finland during 1960, in: MB 1961, No. 1.
— Some features of central banking in Finland, in: MB 1961, No. 12.
— Entwicklungsprobleme der finnischen Wirtschaft, in: Kieler Vorträge, Neue Folge 20, Kiel 1962.
— A retrospective view of the past year, in: MB 1963, No. 1.
— Last year in retrospect, in: MB 1964, No. 1.

Bücher und Artikel ohne Angabe des Verfassers

Finnland stellt sich vor (deutschsprachiger Auszug aus: „Mita, Missä, Milloin") Helsinki 1962.
Trade Facts Finland 1960, Helsinki 1960.
The problem of rising prices, hrsg. von der OEEC (C [61] 12), Paris 1961.
Till Riksdagens Bankfullmäktige, in: EU 1945, I.
Die wirtschaftliche Bedeutung Kareliens, in: Unitas 1944.
Den reglementerade importen, in: Unitas 1947.
Prisutvecklingen i Finland, in: Nordiska Föreningsbankens Månadsrapport, Helsinki, Januar 1955.
Sparande och investering i Finland, in: Ekonomisk Bulletin, hrsg. von der Nordiska Föreningsbanken, Helsinki, Juli 1963, No. 3.

Zeitungsartikel

„Förbrukad?", Hufvudstadsbladet vom 25. 8. 1963.
„Finns det alternativ", Hufvudstadsbladet vom 27. 8. 1963.
„Över gränserna eller inte", Hufvudstadsbladet vom 31. 5. 1964.
„Hålla vakt mot allt främmande kapital", Hufvudstadsbladet vom 8. 7. 1964.
„Kansanpuolueet hylkäsivät ohjelmaan", Uusi Suomi vom 18. 12. 1963.
„Virkamieshallitus tartui ohjaksiin", Helsingin Sanomat vom 19. 12. 1963.
„Finnlands Konjunkturhimmel nicht wolkenlos", Handelsblatt vom 10./11. 7. 1964.

Periodisch erscheinende Veröffentlichungen

Bank of Finland Yearbook
Bank of Finland Monthly Bulletin
Översikt av det ekonomiska läget/Economic Survey, Anlage zum Haushaltsentwurf, hrsg. vom Finanzministerium, Abt. für Volkswirtschaft, Helsinki.
Unitas, Vierteljahresschrift über die finnische Wirtschaft, hrsg. von der Nordiska Föreningsbanken, Helsinki.
Economic Review, Vierteljahresbericht der Kansallis-Osake-Pankki, Helsinki.
Statistisk Årsbok för Finland, Helsinki.
Regulations for the Bank of Finland, issued in Helsinki on December 21, 1925.
Bank of Finland, Foreign Exchange Circular A/43, vom 27. 6. 1961.
Currency Act, given in Helsinki on March 30, 1962.

Printed by Libri Plureos GmbH
in Hamburg, Germany